Herzlichst
Daniel Nussbaum-Jacobs

Daniela Nußbaum-Jacob

Wie war das damals?

Berichte
über die letzten Kriegswirren
in
Allmannsweier, Altenheim,
Dundenheim, Ichenheim, Kappel, Lahr,
Meißenheim, Nonnenweier,
Ottenheim, Wittenweier

editio selecta
im Verlag Ernst Kaufmann

*Für meine Eltern
Günther und Friedl Nußbaum*

Die Deutsche Bibliothek - CIP-Einheitsaufnahme

Nußbaum-Jacob, Daniela:
Wie war das damals? : Berichte über die letzten Kriegswirren in
Allmannsweier, Altenheim, Dundenheim, Ichenheim, Kappel,
Lahr, Meißenheim, Nonnenweier, Ottenheim, Wittenweier /
Daniela Nußbaum-Jacob. – 1. Aufl. – Lahr: Kaufmann, 1995
(Editio selecta)
ISBN 3-7806-2366-8

1. Auflage 1995
© 1995 Verlag Ernst Kaufmann, Lahr
Alle Rechte vorbehalten · Printed in Germany
Umschlaggestaltung: JAC
Hergestellt bei Kösel GmbH & Co., Kempten
ISBN 3-7806-2366-8

Inhaltsverzeichnis

Vorwort 5
Geographische Übersicht 6
Ein Krieg, der aus Nachbarn Feinde machte 7

Allmannsweier

Ein Lehrer für die ganze Schule 12
Deutsche Soldaten nahmen Allmannsweier
unter Beschuß 14

Altenheim

Ins Moser-Schuhmachers isch alles dod! 22

Dundenheim

Bei der Evakuierung lebenslange Freundschaften
geschlossen 32
Wie durch ein Wunder entging Dundenheim
beim Fliegerangriff einer Katastrophe 39

Ichenheim

Feurio, Feurio, die ganze Kirchstraße brennt! 42
Die Bombentrichter waren so tief wie Häuser 48

Kappel

Ein Fäßchen Most ersetzte das eingefrorene
Löschwasser 52
Seit dem 30jährigen Krieg war keine solche
Katastrophe über das Dorf hereingebrochen 58

Lahr

Wie bei einem Erdbeben zittert unser Haus
am Alten Berg 62
„Die Kirchenglocken verkünden das Eindringen
des Feindes" 71
Die Lahrer Industrie wurde vollständig zerstört .. 77

Meißenheim

Führerlos dampfte das Bähnle ins Dorf 82

Nonnenweier

Wenn der »Flieger langsam« jemanden erspähte,
begann der Kanonendonner 90
Bei dir daheim brennt es! 98

Ottenheim

Die Hilfe bei Löscharbeiten kostete
vier Menschen das Leben 102
Nur die Glocke überstand den Brand
der Pfarrkirche fast unversehrt 108

Wittenweier

Eine Hochzeitsgesellschaft mußte zum Löschen
ausrücken 112

Bildnachweis 117
Namensregister 118
Ortsregister 119

Vorwort

Am 8. Mai 1995 jährt sich zum 50. Mal das Ende des Zweiten Weltkrieges. Vieles ist über die großen Ereignisse des Krieges wie die Zerstörung von Dresden oder die Bombennächte von Hamburg in den Geschichtsbüchern zu lesen. Doch die Geschichte findet nicht nur an berühmten Schauplätzen, sondern auch an kleinen Orten bei Menschen wie Du und ich statt. Was erlebten unsere Eltern und Großeltern, deren Zuhause im ehemaligen Landkreis Lahr in den Gemeinden entlang des Rheines durch das Näherrücken der Front 1944/45 zum Kriegsschauplatz wurde?

Angeregt durch Erlebnisse, die mir meine Eltern aus jener Zeit erzählt haben, bin ich vor zehn Jahren dieser Frage nachgegangen. Die Gespräche, die ich damals mit Zeitzeugen geführt habe, wurden 1985 in einer Artikelserie in der »Lahrer Zeitung« veröffentlicht. Sie bildeten die Grundlage für dieses Buch. Die Ereignisse aus der Kriegszeit werden aus der Sicht des Erzählenden geschildert und zum Teil ergänzt durch Auszüge aus der Dorfchronik oder aus anderen Quellen. Hier wurde kein lückenloses Protokoll jener Tage festgehalten, sondern persönliche Erinnerungen an eine bewegte Zeit.

Den Menschen, die dafür in ihren Erinnerungen gekramt und in ihren Fotoalben geblättert haben, gilt mein Dank. Leider können nicht alle von ihnen das Erscheinen dieses Buches miterleben. Ohne sie wäre dieses Buch – ein Stück Erinnerung für die Älteren und eine Mahnung für alle Generationen – nicht zustandegekommen.

Daniela Nußbaum-Jacob

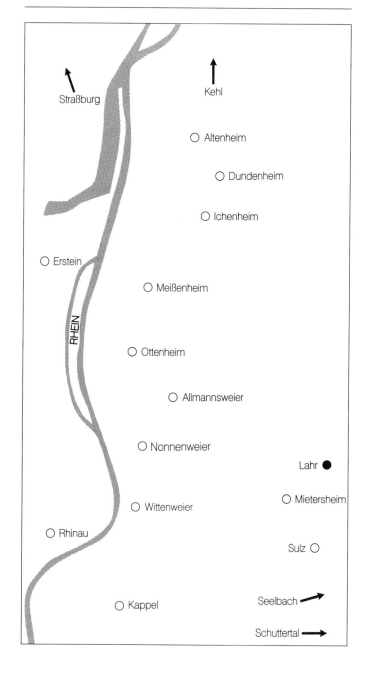

Ein Krieg,
der aus Nachbarn Feinde machte

Nicht erst der Beginn des Zweiten Weltkrieges veränderte grundlegend das Leben der Menschen, die in den Riedgemeinden lebten. Seit der Machtergreifung der Nationalsozialisten im Jahr 1933 war in ganz Deutschland alles anders geworden. „Das öffentliche Leben wurde durch die Parteinahme für oder gegen die neue Partei bestimmt", heißt es beispielsweise im Altenheimer Ortssippenbuch. Nicht nur die Erwachsenen, sondern auch schon die Kinder waren davon betroffen. Junge Mädchen gingen regelmäßig zu den Treffen des BdM (Bund deutscher Mädel), die Jungen trafen sich in der Hitlerjugend. Sie ahnten nicht, welche schrecklichen Ereignisse wenige Jahre später über sie hereinbrechen sollten.

Die Vorbereitungen, die von den Nationalsozialisten für den Kriegsfall getroffen worden waren, spürte man auch im Ried: der Bau des Westwalls, der als Gegenstück zur französischen Maginotlinie ein Bollwerk nach Westen sein sollte. Hunderte Arbeiter, die aus ganz Deutschland herangezogen wurden, waren 1938 bei seinem Bau in Feld und Wald im Einsatz. Schwere Lastwagen, die das Baumaterial heranbrachten, beschädigten die Dorfstraßen. Und doch „dachte wohl niemand an eine Auseinandersetzung mit Frankreich", wie Professor Christian Sütterlin in seiner Chronik »Aus Ottenheims am Rhein vergangenen Tagen« schrieb.

Das sollte sich bald ändern. Am 1. September 1939 begann der Zweite Weltkrieg mit dem Einmarsch der deutschen Truppen in Polen. Zwei Tage später wurde es auch an der Westgrenze ernst: Großbritannien und Frankreich erklärten Deutschland den Krieg. Jede Stunde wurde am Rhein ein Angriff aus Frankreich erwartet. Frauen und Kinder sowie gebrechliche, ältere

Leute aus den Riedgemeinden wurden ins Württembergische evakuiert: nach Hechingen und Burladingen etwa, oder nach Balingen und Ebingen...

Doch der befürchtete große Angriff am Oberrhein blieb aus. Kurz vor Weihnachten 1939 konnten die Riedbewohner wieder in ihre Heimatgemeinden zurückkehren.

Am 10. Mai 1940 begannen die deutschen Truppen mit der Westoffensive. Schon wenige Tage später schlugen in Ottenheim die ersten Granaten aus dem Elsaß ein. Anfang Juni wurden die Riedbewohner erneut evakuiert. Nur wenige blieben in den Dörfern zurück, um das Vieh, das nicht mitgenommen werden konnte, zu versorgen. Die Fotos von der Evakuierung, die hochbeladene Fuhrwerke zeigen, geben nichts von den Gefühlen der Menschen wieder. Wann würden sie ihre Heimat wiedersehen? Würden die Daheimgebliebenen gesund, die Häuser und der ganze Besitz unversehrt bleiben?

Als die deutschen Truppen am 15. Juni den Rhein bei Colmar und am 20. Juni bei Straßburg überquert hatten, durften die Dorfbewohner zurückkehren. Sie fanden nicht in allen Gemeinden ihr Daheim unverändert vor: mancherorts waren die Häuser durch Beschuß beschädigt, anderenorts waren deutsche Soldaten einquartiert.

Die trügerische Ruhe, die danach einkehrte, endete am 6. Juni 1944 mit der Landung der Alliierten in der Normandie. In den folgenden Wochen rückte die Front immer näher. Die Dörfer wurden erneut Hals über Kopf evakuiert. Diesmal ging es nicht nach Württemberg, sondern wie schon 1940 in naheliegende Orte, die weiter entfernt von der Front lagen: Sulz bei Lahr, Rammersweier oder Durbach bei Offenburg, Friesenheim, Oberschopfheim, Schuttertal. Nicht alle Menschen verließen ihr Zuhause. Einige blieben trotz der großen Gefahr.

In den Riedgemeinden war an ein normales Leben nicht mehr zu denken. Die Dorfkirchen wurden zu Zielscheiben für schwere Geschütze, die Arbeit auf Hof und Feld erfolgte unter dem Beschuß von Granaten und dem Dröhnen der Jagdflugzeuge. Der Tod wurde Gast bei den Menschen.

Der Beschuß endete erst mit dem Einmarsch der französischen Truppen. Am 15. April 1945 überquerten sie den Rhein bei Straßburg und zogen von Kehl aus durch das Ried in Richtung Lahr. Auch wenn sie von den Nazis mit der Todesstrafe bedroht und zum »Kampf bis zum letzten Mann« aufgerufen wurden, hißten die Menschen in der Hoffnung, daß der Alptraum nun zu Ende sei, die weiße Flagge. Doch wenn auch die Kämpfe beendet waren, bestimmten Besatzung und Beschlagnahmungen noch weit über das Kriegsende hinaus das Leben der Menschen.

Allmannsweier

Ein Lehrer für die ganze Schule

Kann eine Kindheit im Krieg ganz normal ohne Beeinträchtigungen verlaufen? In den landwirtschaftlich geprägten Riedgemeinden mußten die Kinder schon früh wie Erwachsene mit anpacken, besonders während des Zweiten Weltkrieges, als zahlreiche Arbeitskräfte wegen der Einberufung zur Wehrmacht fehlten. Gegen Kriegsende lernten sie bei Artillerie- und Fliegerbeschuß Not und Tod aus nächster Nähe kennen. Die Schule kam oft zu kurz, wurde zur Nebensache, wie sich Fritz Heimburger aus Allmannsweier, der bei Kriegsbeginn sieben Jahre alt war, erinnert.

„Ich war kaum eingeschult worden, da mußte ich mit meiner Mutter das Dorf verlassen", weiß er noch heute. Er zählte zu den Kindern, die mit ihren Müttern sowie mit älteren, gebrechlichen Bürgern zuerst nach Württemberg in den Raum Balingen/Hechingen und später nach Bayern, in die Gegend von Balzhausen gebracht wurden. Diese Evakuierung war angeordnet worden, weil Kampfhandlungen am Rhein befürchtet wurden, nachdem Frankreich und Großbritannien am 3. September 1939 dem Deutschen Reich den Krieg erklärt hatten. Die Kriegserklärung war die Antwort auf den Einmarsch von Hitlers Truppen in Polen am 1. September.

Als Fritz Heimburger zusammen mit den anderen Evakuierten im Winter desselben Jahres wieder nach Hause zurückkehren durfte, mußten die Erstkläßler wieder in den Kindergarten gehen, weil kein Lehrer da war. So merkten auch schon die Kinder, daß sich nach dem Kriegsbeginn vieles geändert hatte.

Im Ried war es 1939 nicht zu Kämpfen gekommen. Doch nur ein halbes Jahr später mußten fast alle Allmannsweierer ihre Heimat verlassen: Am 14. Juni 1940 wurde das Nötigste zusammengepackt und auf einen Wagen verladen. Das Ziel des Trecks, der an diesem

Tag das Dorf verlassen mußte, war das Kinzigtal: In Fischerbach, Biberach und Entersbach rückten die Einheimischen enger zusammen und nahmen die Allmannsweierer, die ihnen zugewiesen wurden, auf. Nur wenige Männer waren zur Versorgung des Viehs im Dorf zurückgeblieben.

Diese Evakuierung war angeordnet worden, weil niemand wußte, ob es bei der Westoffensive der deutschen Truppen am Rhein auch im Ried zu Kämpfen kommen würde. Am 15. Juni überquerte die Wehrmacht bei Colmar den Rhein, am 20. Juni bei Straßburg. Danach durften die Allmannsweierer wieder in ihr unbeschadet gebliebenes Dorf zurückkehren. Doch die Rückkehr verlief nicht ohne Hindernisse. Der steile Anstieg vom Kinzigtal auf den Schönberg machte den Tieren zu schaffen, sie konnten die schwerbeladenen Wagen nicht mehr alleine ziehen. Die Bauern vom Schönberg spannten ihre Ochsen mit vor die Fuhrwerke. Als der steile Anstieg geschafft war, spannten sie die Tiere wieder aus. Die Wagen fuhren dann in atemberaubendem Tempo den Berg hinunter.

Zu Hause war alles heil geblieben. Nach wie vor war aber das Leben von Veränderungen bestimmt. Als Fritz Heimburger schließlich wieder zur Schule gehen konnte, mußte er sich mit allen Dorfkindern einen Lehrer teilen. Er hieß Ernst Frey und kam jeden Tag mit dem Fahrrad aus Lahr. Vormittags unterrichtete er gemeinsam die Klassen 5 – 8, nachmittags gemeinsam die Klassen 1 – 4. Die Kinder lernten in der Schule nicht nur lesen, schreiben und rechnen. „Wir wurden losgeschickt, um Heilkräuter zu sammeln", weiß Fritz Heimburger noch. „Wer einen Korb voller Heilkräuter gesammelt hatte, brauchte keine Hausaufgaben zu machen." Die Kräuter wurden auf dem Schulspeicher getrocknet und an die Wehrmacht weitergegeben.

Für einige Jahre rückte die Front in weite Ferne. Doch in den letzten beiden Kriegsjahren war es mit der

Ruhe vorbei. Nach der Invasion der Alliierten in der Normandie am 6. Juni 1944 wurden die Dörfer entlang des Rheines immer öfter von Tiefffliegern angegriffen. „Bei Fliegeralarm mußten wir Kinder in den Splittergräben Deckung suchen. Meist taten wir nach dem Angriff dann so, als hätten wir die Entwarnung nicht gehört und machten uns dann heimlich davon, um den Unterricht zu schwänzen."

Schwere Bomberverbände, deren Ziel die deutschen Großstädte waren, zogen über das Dorf hinweg. Einmal erhielten die Einwohner einen unmittelbaren Eindruck von ihrer tödlichen Fracht. Ein großer Bomber, der von der Flak, die auf dem Schutterlindenberg stationiert war, beschossen worden war, lud rund 50 Phosphorbomben unterhalb des Friedhofes ab. Auch ein anderes »Mitbringsel« warfen die Flugzeuge auf der Allmannsweierer Gemarkung ab: Leere Treibstofftanks, die sie mitgeführt hatten, um die weite Strecke von England hin und zurück zu bewältigen. „Die Treibstoffreste, die noch in den Tanks waren, wurden von der Ortspolizei beschlagnahmt. Sie wurden dann einem Tierarzt aus Ottenheim, der ein Motorrad hatte, zur Verfügung gestellt", erinnert sich Fritz Heimburger. „Wir Kinder durften dann die endgültig leeren Tanks nehmen und haben uns ein Paddelboot daraus gebaut."

Im Herbst 1944 wurde die unter dem Namen »Entenköpfer« bekannte Kleinbahn, die von Lahr aus durch die Rieddörfer nach Kehl fuhr, am Ortseingang von Allmannsweier von Tiefffliegern beschossen. Dabei starb ein Fahrgast. Ein Ökonomiegebäude, das von den Bomben getroffen wurde, brannte aus.

Für die Allmannsweierer Kinder brachte der September dieses Jahres eine einschneidende Veränderung: der Schulunterricht fiel komplett aus und wurde bis zum Kriegsende nicht wieder aufgenommen. Statt in die Schule wurden die Kinder zum Schanzen geschickt.

Die Jugendlichen des Jahrgangs 1931 und älter kamen zum Schanzen ins Elsaß. Fritz Heimburger mußte zusammen mit den anderen Jugendlichen des Jahrgangs 1932 in Allmannsweier schanzen. Gemeinsam mit jüngeren Kindern und älteren Dorfbewohnern legten sie zwei 1,50 Meter tiefe Gräben an; einen am Westwall und einen im Dorf.

Die Kinder bekamen nun immer öfter Uniformen zu Gesicht. Ab Dezember 1944 war eine deutsche Marineeinheit als Artillerie in Allmannsweier stationiert. Ganz in der Nähe, dort wo heute die Autobahnraststätte Mahlberg ist, wurde ein Notflugplatz eingerichtet.

Der Flugplatz wurde schon bald ins annektierte Elsaß verlegt. Durch seine Nähe kam es über und um Allmannsweier zu dramatischen Luftkämpfen zwischen deutschen und alliierten Flugzeugen. Dabei wurde Fritz Heimburger einmal Augenzeuge, wie bei einem solchen Luftkampf mit Begleitflugzeugen der alliierten Bomberstaffeln in der Nähe des Dorfes zwei deutsche Messerschmidt 109 abstürzten. „Eine Maschine überflog auf dem Rücken das Dorf und stürzte auf freiem Feld ab. Die Pilotenkanzel wurde dabei völlig zertrümmert." Die jungen Allmannsweierer bekamen nun die grausige Aufgabe, die Leichenteile einzusammeln. Der Pilot wurde auf dem Dorffriedhof beerdigt, sein Grab ist heute noch zu sehen. Dem zweiten Piloten gelang es, mit dem Fallschirm sein Flugzeug zu verlassen. Er segelte neben der Kirche herunter.

Unbeschwertes Vergnügen gab es für die Kinder in diesem letzten Kriegswinter nicht mehr. Als sie im Januar 1945 auf dem »Grünloch« Schlittschuh liefen, wurden sie von Tieffliegern beschossen. Vor den Schüssen der Tiefflieger mußten sich auch die Bauern in acht nehmen, die den einzigen Traktor des Dorfes benutzten. „Der Traktor machte einen solchen Lärm, daß der Fahrer die Flugzeuge nicht hörte. Deshalb mußte immer ein Junge mitfahren, der nach Tieffliegern Ausschau hielt", erinnert sich Fritz Heimburger. „Einmal wurde das Gefährt auf den Wiesen im Bereich des heutigen Lahrer Flugplatzes angegriffen. Fahrer und Beifahrer sprangen in Deckung. Der Traktor fuhr alleine weiter, bis er durch einen Graben gestoppt wurde."

Die Arbeit auf dem Feld wurde dem zwölfjährigen Erwin Nierlin fast zum Verhängnis. Als er mit einem Wagen voller Öhmd ins Dorf zurückfuhr, wurde das Gefährt von einem Tiefflieger angegriffen. Die Kuh, die den Wagen zog, wurde getötet. Erwin Nierlin, der hinter einem Birnbaum Deckung gesucht hatte, erlitt einen Streifschuß am Kopf.

Am 5. Februar 1945 wurde das Dorf erstmals von französischen Truppen aus dem Elsaß mit Brandgranaten beschossen. Zwei Gebäude in der »Krummen Gasse« in der Nähe der Kirche wurden beschädigt. Alle Jugendlichen eilten herbei, um beim Löschen zu helfen. Von diesem Tag an bis Kriegsende übernachteten die meisten Einwohner in den Kellern, da die Dörfer entlang des Rheines nun fast jede Nacht unter Artilleriebeschuß lagen. „In Allmannsweier war dies, bei dem hohen Grundwasserstand, eine sehr feuchte Angelegenheit", erzählt Fritz Heimburger.

Ziel des Artilleriebeschusses war vor allem die Kirche, in der ein deutscher Beobachtungsposten stationiert war. Nachdem einmal das Kirchenschiff von einer Granate getroffen worden war, wagte man es nicht mehr, Gottesdienste in der Kirche zu feiern. Der Jahrgang 1930/31 wurde deshalb von Pfarrer Dörflinger im Keller von Georg Walter konfirmiert.

Auch nach dem Kriegsende gab es viele Gefahren. Die Jungen fanden oft herumliegende Waffen. „Wir gingen damals mit Handgranaten zum Angeln", erinnert sich Fritz Heimburger. Am 5. August 1945 riß seinem Cousin Walter Heimburger eine Granate, mit der er herumspielte, einen Mittelfinger weg. Am selben Tag starben in Kürzell drei Jungen, die ebenfalls mit Kriegsgerät gespielt hatten.

Der Schulunterricht wurde erst im Herbst 1945 wieder aufgenommen. Die Kinder hatten durch den Krieg, die vielen Ausfallstunden durch Fliegeralarm nicht eingerechnet, ein komplettes Schuljahr verloren.

Deutsche Soldaten nahmen Allmannsweier unter Beschuß

Allmannsweier, das heute zur Gemeinde Schwanau gehört, liegt nicht direkt am Rhein. Deshalb wurden hier Ende der 30er Jahre auch keine Westwallbunker gebaut, aber bereits 1939 Artilleriestellungen eingerichtet. Es wurde aber nicht nur vom Dorf aus geschossen. Umgekehrt war das Dorf auch selbst, vor allem in den letzten beiden Kriegsjahren, Ziel von feindlichem Beschuß. Die Munition kam dabei nicht nur aus französischen, sondern für wenige Tage auch aus deutschen Waffen. Insgesamt beschädigten oder zerstörten Artilleriebeschuß oder Tieffliegerangriffe rund ein Drittel der Häuser.

Vieles davon ereignete sich in den letzten Kriegstagen. Am 15. April 1945 hatten französische Truppen in Straßburg den Rhein überquert und drangen nun von Kehl aus auf der deutschen Seite entlang des Rheines nach Süden vor. Am 17. April rückten sie in Allmannsweier ein. Man hatte sie hier bereits erwartet. In der Nacht zuvor hatten die Bauern den deutschen Soldaten, die sich in den Kaiserswald und nach Kippenheim zurückgezogen hatten, beim Abtransport der Geschütze helfen müssen. Rund um das Dorf waren die Felder überflutet, da die Bäche aufgestaut worden waren, um ein Durchkommen der französischen Truppen zu verhindern. Auf der Hauptkreuzung des Dorfes waren Panzersperren errichtet worden. Die Brücken am Schutterentlastungskanal waren gesprengt.

Fritz Heimburger, damals 13 Jahre alt, erinnert sich heute noch, daß eine wahre Invasion von Störchen auf den überfluteten Feldern genistet habe. Sogar Möwen seien gesehen worden. Das Wasser konnte die französischen Einheiten dann doch nicht fernhalten. „Sie rückten ins Dorf ein und drohten zu schießen, falls die Panzersperren nicht weggeräumt würden", erzählt Fritz Heimburger. „Die Leute wurden aus den Häusern geholt und gezwungen, die Sperren zu beseitigen." In fast jedem Hausgarten sei dann ein Panzer gestanden.

Viele Menschen hielten sich in den Kellern der Häuser versteckt. Zahlreiche Frauen und Kinder verbargen sich im Keller des Ortsgruppenleiters der NSDAP, der sich einige Tage zuvor in Sicherheit gebracht hatte. Aber auch hier drangen die Soldaten ein. Frauen und Kinder mußten sich an die Wand stellen. Zehn Personen wurden als Geiseln genommen. Die Drohung der französischen Soldaten war unmißverständlich: Sie würden diese Geiseln erschießen, falls einem Militärangehörigen etwas zustoßen würde.

Der Schutterentlastungskanal, dessen Brücken gesprengt worden waren, erwies sich beim Vorrücken in Richtung Lahr für die Panzer als unüberwindliches Hindernis. Hinzu kam der Widerstand des Volkssturmes und der SS-Truppen. Trotzdem gelang es einer kleinen französischen Einheit, den Kanal zu überqueren. Die übrigen zogen sich ins Dorf zurück.

So wurde das besetzte Allmannsweier zur Zielscheibe für die deutsche Wehrmacht, die von Kippenheim aus schoß. Viele Häuser wurden dabei beschädigt, ein Haus wurde total zerstört. Über ein Dutzend französische Soldaten kamen ums Leben. Ihre Kameraden nahmen Rache, plünderten zahlreiche Häuser und vergewaltigten viele Frauen. Sie beschossen ihrerseits von Allmannsweier aus Burgheim und das Lahrer Krankenhaus. Einige Angehörige des Volkssturmes wurden gefangengenommen und im Saal des Gasthauses Krone festgehalten. Fritz Heimburger weiß, daß auf diese Weise einige ältere Allmannsweierer in französische Kriegsgefangenschaft gerieten und zum Teil erst nach drei Jahren zurückkehrten. Manche Angehörige des Volkssturmes entgingen diesem

Schicksal, indem sie sich in den Wäldern verborgen hielten und zwei Tage später mit einer alten Jacke oder einem Rechen auf der Schulter als »Feldarbeiter« ins Dorf zurückkamen.

Da der Beschuß der deutschen Truppen auf das Dorf sehr stark war, verriet schließlich ein Allmannsweierer den Franzosen, wo sich der Beobachtungsposten der Wehrmacht im Wald verborgen hielt. Der Beobachtungsposten wurde getötet, der Ort blieb daraufhin von weiterem Beschuß verschont.

In der Zwischenzeit war ein Teil der französischen Truppen über Friesenheim nach Lahr vorgedrungen. Auch aus Allmannsweier zogen die Soldaten nun weiter nach Lahr. Nach diesem Abzug wurde das Dorf nicht mehr neu besetzt.

Es war aber deutlich zu spüren, daß Allmannsweier jetzt zur französischen Besatzungszone gehörte. Zwölf Monate lang mußten Kleider und anderer Hausrat sowie Lebensmittel an die Besatzungstruppen abgegeben werden. Fritz Heimburger erinnert sich, daß die Soldaten oft versuchten, auch ohne die erforderlichen Papiere Gegenstände zu requirieren. Der damals kommissarisch gewählte Bürgermeister Hundertpfund habe durch sein beherztes Eingreifen manches Schlimme verhindert. So sei er einmal mit einem Stock auf einen mit einem Maschinengewehr bewaffneten Soldaten losgegangen, als dieser eine Frau vergewaltigen wollte. Die Frau sei dadurch verschont geblieben.

Altenheim

Ins Moser-Schuhmachers isch alles dod!

In Altenheim herrschte ein Jahr vor Ausbruch des Zweiten Weltkrieges rege Betriebsamkeit. Ab Juni 1938 wurden in der Gemeinde über 70 Befestigungswerke für den Westwall errichtet. Im Durchschnitt waren dabei pro Monat 1000 Arbeiter im Einsatz, darunter viele Fremde, die aus ganz Deutschland ins Ried gekommen waren. Sie wurden einfach bei den Altenheimer Familien einquartiert. Die Ursache für die große Zahl an Befestigungswerken war wohl die Geographie. Der Rhein verläuft auf der Altenheimer Gemarkung in einem großen Bogen. Die Ufer sind nicht, wie in den benachbarten Riedgemeinden, durch einen dichten Waldbestand geschützt, sondern offen einzusehen. Die zahlreichen Bunker standen in Altenheim nicht nur im Rheinvorland, sondern auch im Dorf. Als Sichtblende wurden vom Militär im Bereich des Rheines rund zwei Meter hohe Banden aus Jute und Holzstangen aufgebaut. Dahinter konnte man sich bewegen, ohne vom benachbarten Ufer beobachtet zu werden.

Aus einem Bericht vom 12. Januar 1939 geht hervor, daß zwölf Unternehmensbüros sowie die Oberleitung für den Bauabschnitt des Westwalls in Altenheim stationiert waren. Durch die Bautätigkeit habe auch die Arbeit auf dem Rathaus bedeutend zugenommen. Die Dorfstraßen, die nicht für den großen Schwerlastverkehr ausgelegt waren, befänden sich in einem unglaublichen Zustand. Bürgermeister Ernst Fritsch habe mit Erfolg Protest eingelegt. Daraufhin seien die Kosten für die Instandsetzung aller Dorfstraßen der Gemeinde erstattet worden.

Als es bei Kriegsausbruch an der Rheingrenze gefährlich wurde, wurden Mütter mit kleinen Kindern und ältere Leute ins Württembergische evakuiert. Die Altenheimer wurden Familien in der Gegend von

Hechingen, in Unter- und Obermarchtal und im Umkreis von Ehingen/Donau in den Orten Schlaft, Haigerloch, Burladingen, Rangendingen, Jungingen und Kirchbierlingen zugewiesen. Viele ältere Riedbewohner waren in Ehingen im Altersheim untergebracht.

Da es im Ried ruhig blieb, durften die Evakuierten zum Weihnachtsfest 1939 wieder nach Hause zurückkehren. Johann Friedrich Roth hat in seinen persönlichen Aufzeichnungen die Situation in Altenheim in dieser Zeit so beschrieben: „Der Winter brachte an Gefechtstätigkeit am Rhein wenig Neues, ab und zu ein Maschinengewehrfeuer. Selbst die Artillerie meinte es gut mit uns, denn sie schickte die Granaten über unser Dorf aufs Feld und in den Wald."

Das Leben der Menschen hatte sich durch den Kriegsausbruch verändert. Da zahlreiche Männer zur Wehrmacht eingezogen waren, fehlten im Gewerbe und Handwerk viele Arbeitskräfte. Auch in den landwirtschaftlichen Betrieben gab es zu wenig helfende Hände. Im April 1940 wurden 20 polnische Kriegsgefangene den Altenheimer Bauern als Hilfen zugewiesen. Im August kamen 120 französische Zwangsarbeiter hinzu, 1943 dann zwölf russische Zivilisten.

Mitte des Jahres 1940 ruhte für zwei Wochen ein Großteil des Lebens im Dorf. Am 3. Juni mußten die Familien ihre nötigste Habe zusammenpacken und die Gemeinde räumen. Sie wurden angewiesen, sich in weiter vom Rhein entfernt liegende Ortschaften zurückzuziehen, da entlang des Flusses mit Kämpfen bei der Westoffensive der deutschen Wehrmacht gerechnet wurde. Es war ungewiß, wie lange diese militärische Operation dauern und ob dabei in den Gemeinden entlang des Rheines alles unbeschadet bleiben würde. Anders als in vielen benachbarten Riedgemeinden gab es in Altenheim keinen geschlossenen Treck, der mit Planwagen an einen bestimmten Ort zog. Viele Altenheimer wurden nach Nordbaden in die Gegend von Eppingen-Sinzheim oder in das Kraichgauer Hügelland evakuiert. Andere gingen noch einmal nach Hechingen oder Balingen. Da das Vieh bei dieser Evakuierung nicht mitgenommen werden konnte, blieben einige Männer zur Versorgung der Tiere zurück.

Am 15. Juni überschritten die deutschen Truppen bei Colmar den Rhein, am 20. Juni zogen sie in Straßburg ein. Altenheim war tagelang von der Wehrmacht überbelegt. Nachdem die einst so gefürchtete französische Maginotlinie von den deutschen Soldaten durchbrochen war, durften die Riedbewohner wieder in ihre unbeschadet gebliebenen Häuser zurückkehren. Die deutsche Wehrmacht blieb während des gesamten Krieges präsent. Alle Bunker waren mit Soldaten belegt. Die Artillerie war mit ihren Pferden im Dorf untergebracht. In den Wirtschaften waren Feldküchen und Schreibstuben eingerichtet.

Nach ihrer Rückkehr begann für die Bewohner eine relativ ruhige Zeit. Altenheim blieb in den nächsten drei Jahren von den Kampfhandlungen verschont. „Der Übergang der deutschen Truppen brachte uns Erlösung. Man konnte wieder ohne Angstgefühl der Arbeit nachgehen", schrieb dazu Johann Friedrich Roth. Allerdings waren die Kriegsjahre alles andere als unbeschwert. Woche für Woche trafen Nachrichten vom Tod einheimischer Soldaten ein. „Viele Familien wurden vom Schicksal getroffen, und man hielt Gedächtnis-Gottesdienste für die gefallenen Kameraden", notierte Roth.

Ab Juni 1943 mußten die Altenheimer dann enger zusammenrücken. Frauen und Kinder aus den von Bombenangriffen bedrohten Städten im Ruhrgebiet und dem Raum Mannheim-Ludwigshafen wurden in die Riedgemeinde evakuiert. Aus Witten war eine ganze Schulklasse einquartiert. Im November 1944 traten die meisten von ihnen wegen der Bedrohung durch die näherrückende Front wieder die Heimreise an, obwohl es in diesen Städten nach wie vor wegen der Fliegerangriffe sehr gefährlich war und viele Häuser bereits zerstört waren.

Im Herbst 1944 begann für Altenheim der letzte und schwerste Abschnitt des Zweiten Weltkrieges. Die Alliierten drangen nach ihrer Landung in Frankreich immer weiter nach Osten vor, die Front rückte wieder näher an den Rhein heran. „Vom September an hörte man hinter den Vogesen den fernen Kanonendonner, sah man das Aufblitzen der Abschüsse am ganzen westlichen Horizont", steht im Ortssippenbuch zu lesen. Wenn auch die französische Artillerie noch nicht in bedrohlicher Nähe war, so drohte den Altenheimern doch Gefahr durch die täglich zunehmenden, überraschenden Angriffe der Tiefflieger. Am 22. Oktober 1944 waren bei einem solchen Angriff die ersten Toten zu beklagen.

Ein Augenzeuge schilderte das Geschehen: „Um zwei Uhr mittags raste ein Jäger im Tiefflug heran. Ich war mit zwei Schritten am Küchenfenster und machte den Laden zu, da krachte es schon scharf peitschend, dann eine dumpfe Erschütterung, und weg war er. Im Westen vertrieb der Wind eine dünne, scharfe Rauchwolke. Nach wenigen Minuten fuhr ein Schulmädel durch unser Gässel und schrie: ‚Ins Moser-Schuhmachers isch alles dod!' Die Frau und ein Kind fand man schnell, beide tot. Ein zweites Kind war schwerverletzt. Der Großvater hatte nur zwei leichte Kopfwunden, er hatte gerade einen kurzen Mittagsschlaf am Tisch des Hauses gehalten und erwachte im Stall zwischen seinen toten Kühen. Auch die Geißen und Schweine waren tot, das Haus völlig zusammengeworfen. Militär, das am Dreschschopf seine Lkws stehen hatte, sperrte ab und suchte nach den Verschütteten. Eine weitere Bombe fiel nebenan in Ulffs Hof. Auch dieses Haus war auf der Hofseite stark beschädigt. Die Nachbarn hatten

Ziegelschäden, Strohballen lagen auf den Dächern bis in die Kanonengasse."

Am 19. November 1944 drangen französische Truppen vom Süden her ins Elsaß vor. Am 23. November marschierten sie gemeinsam mit amerikanischen Einheiten in Straßburg ein. Nur wenige Kilometer von Altenheim entfernt, jenseits des Rheins, lieferten sie sich mit der Wehrmacht erbitterte Kämpfe um Erstein und Rhinau.

Der Kanonendonner war in Altenheim nun nicht mehr fernes Grollen, sondern lebensbedrohende Realität geworden. Am 23. November 1944 verließen viele Einwohner zum zweiten Mal, einige sogar schon zum dritten Mal während dieses Krieges ihr Zuhause. Im Gegensatz zu den ersten beiden Evakuierungen war dieser Aufbruch nicht organisiert. Viele fanden bei Bekannten oder Verwandten im nahen Schwarzwald vorübergehend Unterkunft. Diejenigen, die im Dorf zurückblieben, richteten sich, so gut es ging, in den Kellern ein. Ganze Nachbarschaften fanden sich abends in den Häusern ein, die einen gut ausgebauten Keller hatten.

Hauptziel des Artilleriebeschusses aus dem Elsaß war die Kirche, in deren Turm sich ein Beobachtungsposten der Wehrmacht befand. „Kaum ein Tag verging, wo unser Dorf nicht mit einigen Granaten bedacht wurde. Kriegsandachten getraute man sich nicht mehr in der Kirche zu halten. Die letzte für unseren Sohn Adolf war am 12. November", notierte Johann Friedrich Roth. „Beerdigungen fanden sang- und klanglos morgens um 7 oder abends um 8 Uhr statt."

Der 6. Februar 1945 war für Altenheim ein schwarzer Tag. Sieben Menschen fielen einem Fliegerangriff zum Opfer. Neun Gebäude wurden total zerstört, 129 schwer beschädigt. An weiteren 92, darunter die Schule, die Kirche und der Kindergarten, entstand Schaden. „Trostlos hat es in unserem Dorf ausgesehen, Dach-

und Gebäudeschaden ohnegleichen", hielt Johann Friedrich Roth fest. „Als man die Toten drei Tage später in einem Massengrab bestatten wollte, kam es wiederum zu einem Tieffliegerangriff. Mehrere Gebäude, darunter das Wohnhaus des Theobald Biegert samt Ökonomie wurden bei diesem Angriff vom Erdboden weggefegt. Menschenleben waren diesmal nicht zu beklagen, jedoch ein hochbetagter Mann, Mathias Zimpfer, der dort zur Miete wohnte, kroch unter den Trümmern hervor, ohne viel Schaden erlitten zu haben. Es war für ihn ein großes Glück."

Die von 1808 bis 1813 erbaute Kirche sollte die erbittert geführten Kämpfe in dieser letzten Phase des Krieges nicht überstehen. Sie wurde am Nachmittag des 3. April 1945 durch Artilleriebeschuß in Brand gesetzt und brannte völlig aus. Nur die nackten Umfassungsmauern blieben stehen. Augenzeugen berichten heute, daß auf Befehl der Verantwortlichen erst spät, zu spät, Anstrengungen unternommen wurden, die brennende Kirche zu löschen. Zuerst, so wurde befohlen, sollte ein landwirtschaftliches Anwesen, das ebenfalls in Brand geraten war, gerettet werden. „Ein großer Bauernhof ist wichtiger als die Kirche", hieß es von den nationalsozialistischen Befehlshabern.

Zum letzten Mal verließen in dieser Schlußphase des Krieges Frauen, Kinder und ältere Menschen, die noch ausgeharrt hatten, das Dorf. „Die Menschen gingen in alle Himmelsrichtungen, jeder war sich selbst der Nächste und schaute nach einer Unterkunft", schrieb Johann Friedrich Roth. Auch das Vieh wurde in Sicherheit gebracht. „Hunderte von Kühen und Rindern wurden täglich verladen und abtransportiert. Es war ein trauriges Ende, das tausendjährige Reich."

Der Artilleriebeschuß aus dem Elsaß wurde bis zum 14. April 1945 fortgesetzt. Am 15. April überquerte die französische Armee bei Straßburg den Rhein. Noch am selben Tag wurde nachmittags ohne Kampf Altenheim von den vorrückenden Truppen besetzt. Johann Friedrich Roth notierte, daß ein Panzer in die Kirchstraße bis zur Gendarmerie fuhr: „Man fand dort drei deutsche Gendarmen, die ohne zu zögern auf dem Panzer den Weg in die Gefangenschaft antraten."

Zuvor war versucht worden, das Vordringen der französischen Soldaten aufzuhalten. Der Chronist Roth berichtete, daß die Brücke am Schütterle gesprengt worden war. Auch am Mühlbach waren die Brücken gesprengt worden; die obere Kuhbrücke und die kleine Pionierbrücke sowie die Brücken am Roßgrüner und am Steckler. Der Nachschub der Franzosen kam nicht über die Landstraße Goldscheuer – Altenheim, sondern von Hohnhurst über Rohrburg. Die Franzosen rückten weiter vor und machten dabei viele Kriegsgefangene. Roth schrieb, daß „ganze Kolonnen deutscher Soldaten durch unser Dorf in Richtung Kehl abtransportiert wurden, ein trauriges Schicksal".

Die Evakuierten kehrten nach und nach in ihr Heimatdorf zurück. Jeder war dabei sich selbst überlassen. So legte eine hochschwangere Frau die Strecke von Fischerbach im Kinzigtal nach Altenheim mit zwei Kindern und dem Kinderwagen zu Fuß zurück. Sie mußte sich ihren Weg selbst suchen, weil die Kinzigbrücke in Offenburg gesprengt und die Zufahrtswege blockiert waren.

Der Zweite Weltkrieg endete am 8. Mai 1945. Er hatte auch in Altenheim verheerende Schäden angerichtet und Not und Tod gebracht. 103 Männer waren im Krieg gefallen, 35 blieben vermißt. 14 Zivilisten fielen dem Artillerie- und Fliegerbeschuß zum Opfer.

Auch nach dem Kriegsende durchlebten die Menschen schwere Zeiten. „Die Verhältnisse nach dem Krieg sind kaum zu beschreiben", hielt Johann Friedrich Roth fest. „Es herrschte Lebensmittelknappheit. Obwohl Hunderte von Gebäuden ohne Dach waren, gab es keine Ziegel, Baustoffe oder Zement." Es dauerte bis zum Dezember 1951, bis die Kirche wieder aufgebaut war. Gottesdienste, Kindstaufen und Hochzeiten fanden bis dahin im Kindergarten statt. Die Konfirmanden wurden in der Dundenheimer Kirche eingesegnet.

Dundenheim

Bei der Evakuierung lebenslange Freundschaften geschlossen

In Dundenheim hinterließ der Zweite Weltkrieg im wahrsten Sinne des Wortes tiefe Spuren. Auch heute noch sind auf der Gemarkung des Neurieder Ortsteiles Bombenkrater und drei Bunkerruinen sichtbar. In den fünfeinhalb Kriegsjahren wurden durch Artillerie- und Fliegerbeschuß rund 40 Prozent der 190 Gebäude des Dorfes beschädigt, 65 Gebäude erhielten Volltreffer. Ein Anwesen brannte ab, drei Wohnhäuser wurden durch den Beschuß unbewohnbar. Mehrere Menschen wurden beim Beschuß des Dorfes getötet, viele Familien mußten um Söhne, Ehemänner und Brüder trauern. Von den 200 Männern, die zum Kriegsdienst eingezogen worden waren, gelten 66 als tot oder vermißt.

Bereits vor Ausbruch des Krieges gab es nicht zu übersehende Baumaßnahmen der nationalsozialistischen Behörden. Im sogenannten Brunnengewann auf der Gemarkung Kuhweide wurde im Bereich des heutigen Sportplatzes ein Barackenlager des Reichsarbeitsdienstes eingerichtet. Mit dem Bau dieses Lagers, bei dem die Kreisstraße nach Offenburg als Einfahrt und Abgrenzung diente, wurde bereits 1937 begonnen. 1938 wurden hier zwischen 180 und 200 uniformierte Arbeitsdienstmänner untergebracht. Im Innenhof des Lagers befand sich ein Sport- und Exerzierplatz.

1938 wurden beim Bau des Westwalls auf Dundenheimer Gemarkung mit hohem Kosten- und Materialaufwand 18 Bunker und Gefechtsstellungen errichtet. Drei Bunker wurden im Bereich des Dorfes gebaut, einer als Regimentsgefechtsstand im Gässenfeldweg. Er wurde als »Kronenbunker« bezeichnet, weil er als Niederlassung der Kronenbrauerei Offenburg getarnt war. Ebenfalls zur Tarnung wurde auf diesem Regimentsgefechtsstand ein Gemeindesaal mit 200 Sitzplätzen errichtet. Als Adolf Hitler im Mai 1939 die Anlagen des

Westwalls entlang des Rheines besichtigte, besuchte er auch den Dundenheimer Gemeindesaal.

Am 3. September 1939 erklärten Frankreich und Großbritannien dem Deutschen Reich den Krieg. Es war die Antwort auf den deutschen Einfall in Polen. An diesem Tag, einem Sonntag, wurden in Dundenheim ältere und gebrechliche Leute sowie Mütter mit kleinen Kindern von einem Lautsprecherwagen zur Evakuierung aufgerufen. Sie mußten das Nötigste zusammenpacken, aber nur soviel sie tragen konnten, und sich um 19 Uhr am Bahnhof einfinden.

Albert Kopf hat die Szenen, die sich am 3. September 1939 in Dundenheim abspielten, 1969 in einem Beitrag für die Tageszeitung beschrieben: „Unvergessen ist das Bild, das unser Dorf an diesem Sonntagnachmittag bot. Während sich die Frauen und Kinder mit ihren wenigen Habseligkeiten weinend und nur zögernd zum »Bahnhöfle« bewegten, überzog sich der Himmel mit Gewitterwolken. Blitz und Donner ließen die Szene noch unheimlicher wirken. Mit dem »Bähnle« – vollgestopft und vollgepfropft – erfolgte zunächst der Abtransport bis Kuhbach und Reichenbach bei Lahr. Doch schon am nächsten Tag ging es mit Omnibussen weiter in Richtung Württemberg-Hohenzollern. 378 Personen waren es, die das Dorf verlassen mußten. In den Gemeinden Owingen und Ostdorf bei Haigerloch wurden sie aufgenommen. Etwa zwei Drittel waren in der größeren Gemeinde Owingen und das übrige Drittel in Ostdorf untergebracht. 18 Häuser standen nach der Evakuierung in Dundenheim leer."

Zwischen den Owingern und den Dundenheimern entwickelten sich viele Freundschaften, die bis heute anhalten. So nahm im September 1994, fast auf den Tag genau 55 Jahre, nachdem die Dundenheimer als Evakuierte nach Owingen gekommen waren, eine weit über 100köpfige Delegation aus dem Rieddorf an den Jubiläumsfeiern »900 Jahre Owingen« teil.

Zu Hause fehlten durch die Evakuierung vor allem in der Landwirtschaft wichtige Arbeitskräfte. Bereits im September wurde daher in Dundenheim das erste badische Erntehilfelager eingerichtet. 20 »Arbeitsmaiden« aus ganz Deutschland, gelernte Stenotypistinnen, Kontoristinnen oder Verkäuferinnen waren in dem Lager untergebracht. Sie mußten jeden Tag rund zehn Stunden bei der Feldarbeit mithelfen und machten sich vor allem in der Tabakernte nützlich. Mitte Oktober wurden auch Mädchen aus Achern und Oberkirch im Dundenheimer »Erntehilfedienst« eingesetzt. Das als »Offenburg II« bezeichnete Erntehilfelager war das einzige am ganzen Oberrhein.

Einen Monat nach ihrer Abreise wurden die »Rückwanderer« von Bürgermeister Dolch im Württembergischen besucht. Da am Rhein die befürchteten Kämpfe ausgeblieben waren, kehrte ein Teil der Evakuierten schon bald wieder nach Dundenheim zurück. Albert Kopf beschrieb, daß diese Rückkehr „der zuständigen Parteiinstanz gar nicht gefiel, zumal man darin einen Widerstand gegen die Partei sah". So wurden am 19. November 1939 die inzwischen Heimgekehrten aufgefordert, „am 22. 11. bis 8 Uhr das Dorf zu verlassen und in die Bergungsorte zu fahren". Doch nicht alle folgten dieser Aufforderung. Am 17. Dezember wurde den Rückwanderern schließlich die Heimkehr durch einen Erlaß des Flüchtlingskommissars erlaubt. Zum Weihnachtsfest 1939 fanden sich alle wieder in ihrem Heimatort ein.

Sechs Monate später mußten sie allerdings schon wieder ihre Koffer packen, dieses Mal gemeinsam mit fast allen anderen Dundenheimern. Im Juni wurde das ganze Dorf in das nur wenige Kilometer entfernte Hofweier evakuiert. Grund war die Westoffensive der deutschen Wehrmacht am Rhein, bei der Kämpfe im Ried befürchtet wurden. Als die Dundenheimer nach zwei bangen Wochen nach Hause zurückkehren durften, waren sie froh, daß dort kein Schaden entstanden war.

Einige Dorfbewohner forderten allerdings Ersatz für Kriegsschäden, da die kurzfristige Einquartierung der deutschen Truppen doch ihre Spuren hinterlassen hatte. Die Gastwirte Otto Biegert vom »Schwert« und Heinrich Roth vom »Schützen« beantragten „Ersatz des Schadens, der weit über die durch Quartiergeld abgegoltene Leistung hinausgeht. In einem Brief vom 16. Januar 1941 machten sie auch geltend, daß sie „nur die Hälfte des sonst üblichen Quartiergeldes" von der Truppe genommen hatten. Nach dem Abzug der Soldaten mußte an den Rolläden im Schulhaus und am Gasthaus Zum Schützen Instandsetzungsarbeiten vorgenommen werden. Im Schützenhaus mußten unter anderem eine Fensterscheibe neu eingesetzt und die Fensterläden repariert werden.

Für einige Jahre blieb Dundenheim von weiteren direkten Kriegseinwirkungen verschont. Unmittelbare Gefahr drohte ab Herbst 1944 durch die Überflüge der alliierten Bomber und durch Artilleriebeschuß: Französische Truppen, die das Elsaß von der deutschen Besetzung befreit hatten, schossen Brand- und Spenggranaten über den Rhein in die deutschen Dörfer.

Am 5. Februar 1945 wurde Dundenheim zum ersten Mal von Artilleriebeschuß getroffen. Damit begann für das Dorf der wohl gefährlichste Abschnitt des Krieges. In der Nacht vom 7. auf den 8. Februar erfolgte von 20.30 Uhr bis 1 Uhr und von 4 bis 6 Uhr erneuter Artilleriebeschuß. „20 Schuß richteten bedeutenden Schaden an. Etwa zehn Gebäude wurden erneut getroffen. An Personenschäden gab es zwei Tote und zwei Leichtverwundete", heißt es dazu in einem Bericht des Bürgermeisters. Auch in der Nacht vom 10. auf den 11. Februar schlugen Granaten ein. Rund ein Drittel der 70 Schüsse richtete Schaden an. Zehn Gebäude wurden getroffen, Personen wurden nicht verletzt.

In den folgenden Tagen wurde Dundenheim vor allem nachts immer wieder zum Ziel des Artilleriebeschusses. Die Menschen schliefen deshalb in den Kellern, in den Stallungen und zum Teil auch in den Bunkern. Wer sich nach draußen wagte, mußte um sein Leben fürchten. Am 15. Februar richtete die französische Artillerie den schlimmsten Schaden seit Beginn des Beschusses an. Von 14.30 Uhr bis 19 Uhr trafen hauptsächlich Sprenggranaten, aber auch einige Brandgranaten, das Dorf. An 17 Häusern entstand dabei zum Teil schwerer Schaden, ein russischer Zwangsarbeiter wurde getötet.

Auch in den folgenden Tagen kam das Dorf nicht zur Ruhe und es gab Tote zu beklagen. Am 10. Februar erlitt ein Mann, der zuvor schwerverletzt aus dem Kriegsdienst entlassen worden war, durch eine in der Nähe eingeschlagene Granate einen Gehirnschlag und verstarb. Wenige Tage später starb ein weiterer Dorfbewohner. Zahlreiche Gebäude wurden beschädigt. Bei diesen Schäden gab es genaue Einstufungen: zwei Gebäude wurden total, eines schwer, sechs mittelschwer und neun leicht beschädigt.

Am 15. April 1945 endete für die Dundenheimer der Alptraum: Einheiten der französischen Armee, die an diesem Tag bei Straßburg den Rhein überquert hatten, rückten gegen 16.30 Uhr von Altenheim und von der Rohrburger Mühle kommend in das Dorf ein. Sie trafen auf keinerlei Widerstand. Die deutschen Truppen waren zuvor nach Süden abgezogen und die Dorfbewohner hatten die Panzersperren, die von den Soldaten vor ihrem Abzug am Ortseingang errichtet worden waren, nicht geschlossen. Ratsschreiber Jakob Hurter wurde es überlassen, das Dorf offiziell den französischen Militärbehörden zu unterstellen. Ein im Dorf arbeitsverpflichteter Elsässer übersetzte seine Worte. Er konnte der französischen Panzereinheit die kampflose Übergabe von Dundenheim bestätigen.

Nach dem Einmarsch der Franzosen mußten in Dundenheim zwar keine weiteren Ängste wegen Artilleriebeschusses oder der Fliegerangriffe ausgestanden werden, von der Rückkehr zu einem normalen Leben konnte jedoch noch lange nicht die Rede sein. Rund ein Jahr lang blieb die Gemeinde weiter von französischen Soldaten besetzt.

Bereits fünf Tage nach dem Eintreffen des französischen Militärs mußten alle Waffen, später auch die Volksempfänger, abgegeben werden. Unmittelbar nach einer Musterung der im Dorf vorhandenen Pferde vor dem Rathaus mußten 40 Pferde von den Besitzern nach Straßburg überführt werden. Sie sollten in der französischen Landwirtschaft verwendet werden. Die Dundenheimer, die ihre Pferde nur schweren Herzens weggebracht hatten, wurden auf dem Rückweg in dem besetzten Kehl von den französischen Truppen aufgehalten. Sie mußten entlang des Rheins in ihr Heimatdorf zurückkehren, weil ein Passieren der Posten auf der Straße unmöglich war.

Die deutschen Truppen, die wenige Tage zuvor geflohen waren, zogen noch einmal als Kriegsgefangene durch das Dorf. Nun hatte die französische Militärregierung mit Sitz in Offenburg das Sagen. Die kommissarisch eingesetzten Bürgermeister waren verpflichtet, binnen 36 Stunden Fragebögen über ihr Dorf zu beantworten.

Demnach hatte Dundenheim am 25. April 1945 noch 811 Einwohner, genau 100 weniger als im Jahr 1939. Auch über die Schule, die Anzahl der Luftschutzkeller und die Parteieinrichtungen der NSDAP mußten Angaben gemacht werden. Bei Kriegsende waren nur noch 65 Arbeitskräfte in der Landwirtschaft vorhanden. 70 bis 80 männliche Arbeitskräfte fehlten. Zur Feuerwehr gehörten 18 Männer und zwölf Frauen.

Die Militärregierung erließ strenge Anordnungen, da ja der Krieg noch nicht offiziell beendet war. Ausgehzeit war nur von 5.30 Uhr bis 21.30 Uhr. Zuwiderhandelnde Zivilpersonen wurden von der Militärstreife festgenommen. Jeder mußte eine Kennkarte oder ein Arbeitsbuch mit sich führen und durfte sich nicht mehr als acht Kilometer von seinem Wohnort entfernen.

Die Dundenheimer Bevölkerung mußte laufend Lebensmittel aller Art und Vieh zur Versorgung der Besatzungstruppen und der Zivilbevölkerung abliefern. Es wurde aber auch von den Soldaten versucht, ohne die erforderlichen Papiere Lebensmittel zu requirieren. Solche Übergriffe waren offensichtlich keine Einzelfälle, sondern kamen in allen besetzten Gemeinden vor. Der damalige Landrat des Kreises Lahr, Dr. Lenssen, machte deshalb in einem Schreiben an die Bürgermeister deutlich, daß der Platzkommandant lediglich militärische Befugnisse habe. „Verlangt ein Platzkommandant Vieh und dergleichen, so ist er abzuweisen und mir unverzüglich Meldung zu erstatten", betonte der Landrat.

Über die requirierten Tiere und Lebensmittel führte man genau Buch. So wurden zum Beispiel am 14. Juni 1945 zwölf Hühner requiriert. Die Landwirte erhielten dafür eine Entschädigung von je vier Reichsmark. Zwölf Tage später nahmen die Soldaten zehn Schweine und vier Rinder ohne Bezahlung mit. Der Bürgermeister beschwerte sich darüber in einem Schreiben an den Landrat.

Aus einer Aufstellung vom 21. September 1945 geht hervor, daß bis zu diesem Tag 25 Schweine, vier Kälber, acht Rinder, 65 Hasen, 350 Hühner, 3500 Eier, 500 Kilogramm Weizen, 3000 Kilogramm Kartoffeln, 700 Kilogramm Obst, 1800 Kilogramm Gemüse sowie täglich 50 Liter Milch requiriert wurden.

Auch Kleidungsstücke sowie Bettücher und Wolldecken mußten abgegeben werden. Allein am 13. Juli 1945 wurden in Dundenheim Kleidung und Schuhe im Wert von rund 10.000 Reichsmark abgeliefert.

Wie durch ein Wunder entging Dundenheim beim Fliegerangriff einer Katastrophe

Nur knapp entging Dundenheim am 27. November 1944 einer Katastrophe. Alliierte Bomberverbände griffen an diesem Tag massiv den strategisch bedeutenden Eisenbahnknotenpunkt Offenburg an. Dabei überflogen die zahlreichen, riesigen Maschinen auch Dundenheim. Im Dundenheimer Wald und auf den Wiesen östlich der Dundenheimer Mühle wurden zahlreiche Sprengbomben und Hunderte von Phosphorbomben abgeworfen. Wenn die Flugzeuge ihre tödliche Fracht über dem Dorf ausgeklinkt hätten, hätten sie wohl alles in Schutt und Asche gelegt.

Luise Rapp, die Ehefrau des Dundenheimer Müllers, berichtete am 28. November in einem Schreiben an den Schutterwälder Militärposten über das, was sich am Tag zuvor ereignet hatte: „Ich war allein zu Hause, die beiden Kinder und die Ukrainerin waren auf der Dreschmaschine. Kurz nach 12 Uhr höre ich feindliche Flieger und schon fallen Bomben um das Anwesen. Nachdem eine Bombe in unmittelbarer Nähe des Hauses krepierte, lief ich ins Freie und warf mich zu Boden. Auf dem Speicher und im Wohnzimmer sah ich Flammen hochschlagen. Ich lief in das Haus zurück und löschte das Feuer auf dem Speicher und im Wohnzimmer, wo selbst die Gardinen brannten. Das Haus und die Umgebung boten einen bösen Anblick.

In der Nähe auf dem Feld arbeitende Leute kamen herbei, und diese bat ich, sie mögen doch im Dorf meinen Angehörige und den Behörden melden, wie es bei mir aussehen würde. Auch möge man mir zu Hilfe kommen mit Gespannen, da ich unter keinen Umständen über Nacht mehr im Hause bleiben würde. Es kamen auch zwei Gespanne, und wir luden das Notwendigste darauf. Auch das Großvieh nahmen wir mit.

Ich bat den Feuerwehrführer, er möge über Nacht eine Wache stellen, dies geschah jedoch nicht. Wir fuhren noch vor der Dunkelheit nach Dundenheim, wo wir bei Verwandten

und Bekannten Unterkunft fanden. Da um das ganze Anwesen Brandbomben gefallen waren und auch das Wohngebäude davon betroffen war, nehme ich an, daß eine Brandbombe ins Heu und Stroh gefallen war und das Feuer erst in den späten Abendstunden zum Ausbruch kam."
Der Bericht von Luise Rapp wird von einem Gendarmen ergänzt: „Gegen 17.30 Uhr gingen wir um das Anwesen, auch in die Ökonomiegebäude, um Umschau zu halten. Wir konnten jedoch nichts Verdächtiges bemerken. Kurz nach 24 Uhr wurde ich durch einen Wehrführer geweckt, der sagte, daß die Dundenheimer Mühle brenne. Ich ging sofort an den Brandplatz und fand das Ökonomiegebäude in hellen Flammen. Auch die Freiwillige Feuerwehr Schutterwald traf mit der Motorspritze ein und bekämpfte den Brand. Der Brand dürfte durch eine Stabbrandbombe, die in größerer Zahl um das Gebäude geworfen wurden, hervorgerufen worden sein."
Das Wohnhaus der Mühle blieb von den Flammen verschont.
In Offenburg kamen die Menschen bei diesem Fliegerangriff nicht so glimpflich davon. Bei der Bombardierung des Verschiebebahnhofes und des Reichsbahnausbesserungswerkes starben 76 Menschen, 77 wurden verletzt. 500 Menschen verloren ihre Wohnung. In Freiburg ging der 27. November 1944 als der schlimmste Tag in die Stadtgeschichte ein: Große Teile der Stadt wurden durch einen 25 Minuten dauernden Bombenhagel zerstört. Die Zahl der Toten und Verletzten ging in die Tausende.

Ichenheim

Feurio, Feurio,
die ganze Kirchstraße brennt!

Der 14. Juni 1940 war für die Menschen in Ichenheim kein Tag wie jeder andere. Die Dorfbewohner mußten auf Anordnung der Behörden ihr Zuhause verlassen, weil das Dorf in der »roten Zone« lag, einer Region, in der es bei der Westoffensive der Wehrmacht gefährlich werden konnte. Die deutschen Truppen waren in jenen Tagen dabei, über den Rhein ins Elsaß einzudringen. Jede Familie bekam einen Zettel mit der Adresse der Menschen, bei denen sie während der Evakuierung untergebracht werden sollten. Viele Frauen weinten, weil sie nichts zurücklassen wollten und doch nur einige Habseligkeiten mitnehmen konnten. Würde bei der Rückkehr alles, was nicht eingepackt werden konnte, unversehrt sein? Die Menschen waren auch bedrückt von der Ungewißheit, wie lange die Evakuierung dauern würde.

Mit Planwagen zogen die Ichenheimer nach Durbach oder Rammersweier. Für die Menschen dort war die kurzfristige Einquartierung der Familien aus der Riedgemeinde, die oft noch Kühe und Pferde mitbrachten, nicht einfach. Sie mußten manchmal bis zu sieben oder acht Fremde in ihrem Haus unterbringen. Trotz der großen Belastung für beide Seiten entwickelten sich auch Freundschaften, die vielfach den Krieg überdauerten und zum Teil bis heute bestehen.

Da die Entfernung von Durbach oder Rammersweier nach Ichenheim zwar weit, aber an einem Tag zu bewältigen war, fuhren manche in diesen Tagen mit dem Fahrrad nach Hause, um nach dem Rechten zu sehen. Nach einer Woche durften alle wieder in das unversehrt gebliebene Dorf zurückkehren. Noch einmal wollten die Ichenheimer ihrem Zuhause nicht den Rücken kehren. Als im Januar 1945 erneut eine Evakuierung angeordnet wurde, weigerten sich die meisten

Einwohner, ihre Heimatgemeinde zu verlassen, denn für einige war die Evakuierung 1940 schon die zweite kriegsbedingte Abwesenheit gewesen. Nach dem Kriegsausbruch im September 1939 waren Mütter mit kleinen Kindern und ältere, gebrechliche Leute mit dem Zug ins Württembergische in die Umgebung von Ebingen und Balingen und ins Bayerische in die Gegend um Augsburg in Sicherheit gebracht worden. Da es im Ried nicht zu Kampfhandlungen kam, durften sie zu Weihnachten 1939 in ihr Heimatdorf zurückkehren.

Bereits 1938 waren auf der Ichenheimer Gemarkung in großer Eile und mit großem Kostenaufwand 14 Bunker des Westwalls errichtet worden. Noch heute erinnern sich die Menschen daran, daß Adolf Hitler im Mai 1939 bei der Besichtigung des Westwalls durch ihr Dorf fuhr. Damals ahnten wohl nur wenige, was für eine schwere Zeit nur wenig später für sie anbrechen würde. 98 Ichenheimer fielen als Soldaten im Zweiten Weltkrieg, 49 blieben vermißt. Den Dorfbewohnern brachten Artillerie- und Fliegerbeschuß Leid und Zerstörung.

Am 16. März 1944 wurde der erste Kriegsbeschuß notiert. Er verlief eher glimpflich. Eine Holzbaracke auf dem Anwesen von Heinrich Fäßler in der Westendstraße wurde zerstört. In seinem Antrag auf Entschädigung nannte er „die ganze Bevölkerung von Ichenheim" als Zeugen für den Vorfall. Das Lahrer Landratsamt erstattete dem Landwirt daraufhin eine finanzielle Entschädigung. Der Landrat wies jedoch darauf hin, daß „kein dringendes Bedürfnis besteht, den Schopf wieder aufzubauen". Da bei dem Angriff auch ein Obstbaum zerstört wurde, beauftragte der Landrat noch den Kreisobstbaumeister, sich mit dem Fall zu befassen.

Das Dorfsippenbuch berichtet, daß „am 22. November 1944 durch Bordwaffenbeschuß von drei feindlichen Flugzeugen das Ochsenfuhrwerk des Max Bläsi in der Rheinstraße beschossen wurde. Der Landwirt Max Bläsi erlitt einen Armdurchschuß, und der angespannte Ochse wurde getötet. Acht Wohnhäuser wurden beschädigt sowie das Strom- und Telefonnetz unterbrochen".

Die Menschen schliefen im Winter 1944/45 aus Sicherheitsgründen im kalten Keller. Dabei fanden sich oft die Nachbarn für die Nacht bei denen ein, die einen gut ausgebauten Keller hatten. In einem Handkoffer brachten sie ihre Papiere und Wertsachen mit. Morgens hatten alle schwarze Gesichter vom Ruß der Karbidlampe, die die einzige Lichtquelle im Keller war.

Ab der Jahreswende 1945 hatte das Dorf besonders schwer unter dem Artilleriebeschuß aus dem Elsaß zu leiden. Die Frauen und die daheimgebliebenen älteren Männer versuchten, die immer zahlreicher werdenden Brände mit zwei Handfeuerspritzen zu löschen.

Am 5./6.Februar 1945, so wird berichtet, sei Artilleriebeschuß erfolgt. 21 Wohngebäude und sieben landwirtschaftliche Gebäude wurden leicht, vier Wohngebäude und fünf landwirtschaftliche Gebäude stark beschädigt. Am nächsten Tag setzten die französischen Soldaten den Artilleriebeschuß fort. Das Anwesen Schnebel in der Adlerstraße brannte dabei ab. Schäden entstanden an neun Wohngebäuden und einem landwirtschaftlichen Gebäude. Auch der katholische Kindergarten wurde in Mitleidenschaft gezogen. Splitter rissen die Außenwände des Hauses auf und zerstörten die Fenster. Das Dorfsippenbuch berichtet auch von Artilleriebeschuß am 10./11. Februar 1945. Dabei entstand an acht Wohngebäuden und drei Ökonomiegebäuden Schaden.

Hauptziel des Beschusses war die katholische Kirche, die damals die einzige Kirche des Dorfes war. In ihrem Turm befand sich ein Beobachtungsposten der deutschen Wehrmacht. »Jabos«, die Jagdbomber, beschossen die Starkstrom- und Telefonleitungen sowie den »Entenköpfer«, die Kleinbahn, die von Lahr nach Kehl fuhr und dabei Ichenheim durchquerte. Großer Schaden entstand bei einem Jabo-Angriff am 13. Februar 1945 (siehe auch Seite 48 „Die Bombentrichter waren so tief wie Häuser"). Bei einem Jabo-Angriff am 12. April 1945 wurde, so erwähnt das Dorfsippenbuch, Josef Bickel aus der Steinstraße verwundet und verstarb danach im Krankenhaus.

1985 erzählte der damals 86jährige Johann Daniel Schnebel, der inzwischen verstorben ist, von dem schlimmen Artilleriebeschuß am 17. Februar 1945: „Mit acht Mann der Feuerwehr löschten wir einen Brand im Anwesen Rudolf in der Rheinstraße, als ich plötzlich Flammen in der Kirchstraße (der heutigen Meißenheimer Straße) sah." Als Johann Daniel Schnebel eilig zu seinem Hof in die Kirchstraße gelaufen war, sah er, daß die Ökonomiegebäude seiner Nachbarn Max Roth, Friedrich Reith und Wilhelm Fink in Flammen standen. Dann merkte er, daß auch sein Schweinestall brannte und versuchte, die Tiere zu retten. „In der ganzen Straße liefen die Kühe herum, teilweise waren sie die ganze Nacht über im Gewann Wiederfeld, weil niemand die Zeit hatte, sie einzufangen."

Insgesamt fünf Ökonomiegebäude brannten in dieser Nacht ab. Weitere acht Ökonomiegebäude und 14 Wohnhäuser wurden stark beschädigt. Viele Menschen halfen bei den Löscharbeiten, alarmiert von einem jungen Burschen, der mit dem Ruf „Feurio, Feurio, die ganze Kirchstraße brennt", durch das Dorf gelaufen war und Sturm mit den Kirchenglocken läutete. Die Frau von Johann Daniel Schnebel zog sich bei den langen Löscharbeiten in winterlicher Kälte eine Lungenentzündung zu, an deren Folgen sie später starb.

„Man konnte sich kaum auf die Straße trauen, weil dauernd herübergeschossen wurde", erzählte Johann Daniel Schnebel. Als er gerade zur nahen Kirche laufen wollte, hörte er wieder den Abschuß einer Granate. Er stellte sich hinter einen Kastanienbaum neben der Kirche. Ein anderer Mann suchte Schutz in dem Gotteshaus. Dort schlug die Granate mit solcher Wucht ein, „daß man glaubte, die ganze Decke stürzt ein". Sie hielt jedoch, ebenso wie der ganze Bau, stand. Vielleicht hätte der Artilleriebeschuß nachgelassen, wenn der Kirchturm zusammengestürzt wäre. Der Kommandant des örtlichen Volkssturmes meldete nämlich am nächsten Tag der Kreisleitung in Lahr, daß „wenn der Turm nicht gesprengt wird, mit weiterem Beschuß zu rechnen ist".

In den nächsten Wochen richteten Artillerie- und Jagdbomberbeschuß viele Schäden an. Im Dorfsippenbuch festgehalten wurden Artilleriebeschuß mit Spreng- und Brandgranaten am 22./23. März, dabei entstanden Schäden an Wohnhaus und Lebensmittelgeschäft Artur Burghardt, am Gasthaus Zum Prinzen und an fünf weiteren Wohngebäuden, sechs landwirtschaftlichen Anwesen sowie der Kirche. Am 26. März 1945 wurden durch Artilleriebeschuß zwölf Gebäude schwer beschädigt. Obwohl diese Schäden weitaus größere Ausmaße hatten als die Zerstörung der Holzbaracke im März 1943, erinnerte sich Johann Daniel Schnebel nicht daran, daß einer der Betroffenen eine Entschädigung erhalten hätte.

Ab dem 15. April 1945 mußte kein weiterer Artilleriebeschuß befürchtet werden. Die französischen Truppen überquerten an diesem Tag bei Straßburg den Rhein. Auf Befehl des Kreisleiters mußten Volkssturmmänner in Ichenheim Panzersperren in der Kirchstraße, der Rheinstraße und der Hauptstraße errichten. Johann Daniel Schnebel erinnerte sich, daß ihn in der Nacht zuvor der Leiter des Volkssturmes zum Unteroffizier befördert und ihm ein Gewehr in die Hand gedrückt hatte. „Ich wollte aber nicht schießen, schlimmstenfalls wäre ich in den Wald gegangen."

Zunächst wurde von dem Volkssturm-Kommando damit gedroht, daß jeder, der die Panzersperren anrührt, erschossen werde. Nachmittags begann die Bevölkerung jedoch das Holz, aus dem die Sperren bestanden, abzuräumen. Sie überzeugte auch einige deutsche Soldaten, die sich hinter den Panzersperren verstecken wollten, um von dort einen Panzer anzugreifen, das Dorf zu verlassen. Die Einheimischen befürchteten, daß das Dorf von den französischen Truppen schwer unter Beschuß genommen würde, wenn dort ein Schuß fiele. Die abgezogenen Soldaten griffen später im Kürzeller Wald mit einer Panzerfaust einen französischen Panzer an, der in Richtung Meißenheim vorrückte. Sie zerstörten den Panzer, wurden aber dabei getötet.

Gegen 17 Uhr zogen rund 150 französische und 400 verbündete indochinesische Soldaten in Ichenheim ein. Ein Einwohner war ihnen mit einer weißen Fahne in Richtung Dundenheim entgegengegangen. Der Großteil der Bevölkerung versteckte sich in den Kellern.

Die fremden Soldaten wurden in der Volksschule, in der Zigarrenfabrik Geiger in der Adlerstraße und in den Gasthäusern Prinzen und Adler einquartiert. Im Gasthaus Löwen war das Offizierskasino. Vor dem Rathaus wurde eine Trikolore gehißt. Auf Anordnung des französischen Kommandanten mußte jeder Mann beim Vorbeigehen oder Vorbeifahren die Kopfbedeckung abnehmen. Um dem zu entgehen, ließen viele Männer, die mit einem Fuhrwerk unterwegs waren, schon 100 Meter vor dem Rathaus ihre Kopfbedeckung unter dem Sitzbrett verschwinden. Die Truppen nahmen aber auch Privathäuser in Beschlag, requirierten Lebensmittel und Tiere und verhörten die Bewohner. Eindringlich wurden sie nach ihrer Parteizugehörigkeit befragt. Leitende NSDAP-Mitglieder wurden entweder eingesperrt oder in ein Internierungslager nach Dinglingen gebracht.

Bei den Ichenheimer Landwirten requirierten die Besatzungstruppen erhebliche Mengen an Nahrungsmitteln: 22 Doppelzentner Roggen, 101 Doppelzentner Weizen, 226 Doppelzentner Hafer, 343 Doppelzentner Gerste, 481 Doppelzentner Mengengetreide, 16 Doppelzentner Ölfrucht, 1212 Doppelzentner Kartoffeln, zehn Kälber, 600 Ferkel, 54 Kühe, 38 Pferde und 255 Hühner. 1946 und 1947 mußten ähnlich hohe Mengen abgeliefert werden. Auch 1948, obwohl ca. 118 Hektar Feld und 50 Hektar Wiesen durch Hochwasser überschwemmt waren.

Die Bombentrichter waren so tief wie Häuser

Sekunden konnten bei den Angriffen der Jagdbomber im Zweiten Weltkrieg über Tod oder Leben entscheiden. Wer sich beim Dröhnen der Flugzeugmotoren in den Schutz eines Kellers begab, hatte eine größere Chance, den Angriff zu überleben. Manchmal schien auch ein Schutzengel die Menschen vor der Gefahr zu bewahren: Sie ergriffen genau zum richtigen Zeitpunkt Sicherheitsmaßnahmen oder sie verließen ein Zimmer, das Augenblicke später nur noch Schutt und Asche war. Die Zerstörungen durch die Bomben waren gewaltig. In Ichenheim wurden bei einem Tiefliegerangriff am 13. Februar 1945 zwei Wohngebäude und zwei Ökonomiegebäude zerstört, 23 Wohnhäuser und 28 landwirtschaftliche Gebäude beschädigt. Ein Mann und eine Frau wurden bei dem Angriff verletzt.

Einige Jugendliche aus Ichenheim und Dundenheim besuchten am Nachmittag dieses Tages den Konfirmandenunterricht. Er wurde im damaligen evangelischen Pfarrhaus, dem heutigen Autohaus Seebacher, in der Schopfheimer Straße abgehalten. Pfarrer Christian Kraft hatte Sandsäcke vor die Kellerfenster des Hauses gelegt.

Während die Mädchen und Jungen im Unterricht saßen, hörten sie, daß sich Jagdbomber im Anflug auf das Dorf befanden. Die Frau des Geistlichen kam in den Unterrichtsraum und rief: „Kommt in den Keller." Pfarrer Kraft bestand jedoch darauf, den Unterricht fortzusetzen. Wenige Augenblicke später wurde der Luftdruck so stark, daß die Fensterscheiben des Unterrichtsraumes barsten. Ein Glassplitter zerriß dabei das Kleid eines Mädchens.

Daraufhin versuchte der Pfarrer, mit den Konfirmanden den schützenden Keller zu erreichen. Dabei mußten sie mehrere Zimmer des großen Hauses durchqueren. Als sie unter der Kellertür standen, begann die Erde unter dem Dröhnen der Flugzeuge zu erzittern. Nur wenige Meter entfernt klinkte ein Jagdbomber seine tödliche Ladung aus. Eine Bombe fiel auf die Grenze zwischen zwei Häusern, die schräg gegenüber vom Pfarrhaus standen. Das Haus der Familie Henninger wurde dabei zur Hälfte zerstört. Eine weitere Bombe legte das nebenstehende Ökonomiegebäude in Schutt und Asche.

Frieda Henninger, die gerade die Kellertreppe hinuntergehen wollte, um sich in Sicherheit zu bringen, wurde in den Keller hinabgeschleudert. Der Knecht der Familie überlebte, weil er gerade in den Garten gelaufen war. Die Scheune, in der er noch wenige Augenblicke zuvor gewesen war, wurde total zerstört. Ein Vorhang von einem Fenster des Hauses wurde von der Wucht der Detonation quer über die Straße geschleudert und blieb an einem Baum des Nachbaranwesens hängen.

Die Konfirmanden hatten sich im Keller des Pfarrhauses verkrochen. Als der Angriff vorüber war, verließen sie das Haus und starrten fassungslos auf die Trümmer. „Geht lieber heim und schaut, ob dort alles in Ordnung ist", sagte einer der Männer, die gerade mit dem Aufräumen begannen, zu den Jugendlichen. „Ich bekam fürchterliche Angst und rannte so schnell ich konnte zu unserem Haus in der damaligen Kirchstraße, der heutigen Meißenheimer Straße", erinnert sich Friedl Huser, eine der Konfirmandinnen von damals. Gegenüber von ihrem Elternhaus, im damals noch unbebauten Gewann Wiederfeld hatten die

Bomben vier Trichter geschlagen, "die so tief waren wie Häuser". In diesen Bombentrichtern wurde später das Vieh verscharrt, das auf dem Anwesen Henninger von den Bomben getötet worden war.

Auf vielen Häusern der Kirchstraße waren keine Dachziegel mehr, die Türen standen offen. Die Fenster waren durch die enorme Druckwelle zerstört worden. Erleichtert stellte das Mädchen fest, daß niemand verletzt war, obwohl die Mutter und die vier Geschwister bei dem Angriff den Keller nicht mehr erreicht hatten. Sie mußten warten, weil die alte Großmutter, die nur langsam gehen konnte, die Kellertreppe nicht schnell genug hinabsteigen konnte. Auch der Großvater hatte überlebt. Er mußte an diesem Tag wegen einer Grippe das Bett hüten, war aber kurz vor dem Einschlag der Bomben aufgestanden, um das Vieh zu füttern. Sein Bett war nach dem Angriff von Bombensplittern durchbohrt.

Am 4. März 1945 fand die Konfirmation des Jahrganges 1931 im evangelischen Kindergarten statt. Man wagte es nicht mehr, den Gottesdienst in der Kirche abzuhalten, weil sie das Hauptziel des Artilleriebeschusses aus dem Elsaß war. Während der Einsegnung der Konfirmanden erzitterten die Wände des Gebäudes, weil Jagdbomber das Dorf überflogen. Der Nachhauseweg führte einen Teil der Gottesdienstbesucher über den Friedhof. Sie mußten zwischen den Gräbern Deckung suchen und sich hinlegen, weil die Jagdbomber wieder gefährlich nahe kamen.

Kappel

Ein Fäßchen Most
ersetzte das eingefrorene Löschwasser

Einen traurigen Rekord stellte die damals noch selbständige Gemeinde Kappel am Rhein im Zweiten Weltkrieg auf: 75 Prozent des Dorfes wurden zerstört. Damit war Kappel im Landkreis Lahr die am meisten beschädigte Gemeinde. Nicht nur viele Männer aus dem Dorf, die als Soldaten zur Wehrmacht eingezogen waren, sondern auch Frauen und Kinder, die daheim geblieben waren, wurden durch die Kriegsereignisse verwundet oder verloren ihr Leben.

Ein Jahr vor Kriegsbeginn hatte wohl noch niemand an solche schrecklichen Ereignisse gedacht. Im Sommer 1938 wurden in Kappel, das durch eine Brücke mit dem Elsaß verbunden war, 19 Bunker für den Westwall errichtet. Einige dieser Bauten, so auch der Mannschafts- und Sanitätsbunker, standen mitten im Dorf. Sie erhielten zur Tarnung ein Dach.

Nach der Kriegserklärung von England und Frankreich am 3. September mußten Frauen mit kleinen Kindern sowie ältere und kranke Leute das Dorf verlassen, da mit Kampfhandlungen am Rhein gerechnet wurde. Ihre erste Station war Ettenheimmünster. Von dort ging es ins Württembergische nach Ebingen und Balingen und schließlich nach Kaufbeuren und Bad Wörishofen im Allgäu. In ihrem Heimatdorf wurden in dieser Zeit viele Soldaten der Wehrmacht einquartiert, auch die Bunker wurden besetzt. Da es jedoch nicht zu den befürchteten Kämpfen kam, durften die Evakuierten zum Weihnachtsfest 1939 wieder nach Hause zurückkehren.

Ihre Freude über die Rückkehr währte nicht lange. Ein halbes Jahr später, am 4. Juni 1940, mußten die Kappeler auf Anordnung der NSDAP-Kreisleitung ihr Dorf räumen. In langen Zügen bewegten sich die mit Hausrat und Futtervorräten beladenen Wagen, auf denen Frauen, Kinder und ältere Leute saßen, nach Sulz. Wenn auch nur rund 15 Kilometer entfernt, lag dieses Dorf im Gegensatz zu Kappel doch weit genug entfernt von der Schußlinie bei Auseinandersetzungen an der Rheingrenze.

Grund für die Evakuierung war die Westoffensive der deutschen Wehrmacht, bei der Kappel ein Ausgangspunkt war. Am 16. Juni setzten deutsche Einheiten von hier nach Rhinau über. Der Angriff begann um 14 Uhr, um 15.40 Uhr zogen die ersten französischen Gefangenen durch Kappel. Im Dorf war kein Schaden entstanden. 17 Soldaten der Wehrmacht hatten jedoch den Angriff mit dem Leben bezahlt. Einige von ihnen fanden auf dem Kappeler Friedhof die letzte Ruhestätte.

In den folgenden Kriegsjahren blieb Kappel von den Kampfhandlungen verschont. Das änderte sich mit der Invasion der Alliierten in die Normandie am 6. Juni 1944. Auch an der Rheingrenze wurde jetzt die Landung von Fallschirmjägern befürchtet. Franz Glück aus Kappel erinnert sich, daß die Mitglieder der Hitlerjugend, zu denen auch er zählte, auf dem Turm des Gasthauses Linde Nachtwache wegen der Fallschirmjäger halten mußten: „In zweistündigem Rhythmus haben sich je zwei der 16- und 17jährigen abgewechselt. Wachlokal war das Rathaus."

Bomberverbände der Alliierten, die von Jagdbombern als Begleitschutz eskortiert wurden, überflogen nun immer öfter die Region. Sie wurden von deutschen Jagdflugzeugen angegriffen, dabei kam es zu dramatischen Luftkämpfen. Am 13. Juli 1944 stürzte bei einem solchen Luftkampf in Kappel im »Kreuzwegfeld« ein deutsches Flugzeug vom Typ ME 109 ab. Am 3. Oktober warfen alliierte Verbände, die sich offenbar auf dem Rückflug zu ihren Stützpunkten befanden, vier Bomben im Gewann Unterstein und weitere 21 Bomben am Rhein ab. Sie trafen zum Teil den Hochwasserdamm, zum Teil fielen die Bomben zwischen dem Damm und dem Fluß ins Vorgelände.

Die Kappeler Rheinbrücke war ein bevorzugtes Ziel der alliierten Flugzeuge. „Ab Mitte Oktober wurde die Brücke wiederholt von feindlichen Flugzeugen angegriffen und schwer getroffen", erzählt Franz Glück. „Die Brücke hielt dem Beschuß lange stand, bis sie von Pontons der zerstörten Sasbacher Rheinbrücke, die den Rhein hinabtrieben, zerstört wurde. Die Pontons nahmen die Kappeler Brücke mit." Franz Glück weiß auch noch, daß die Fähre, die nach der Zerstörung der Brücke die Rheinufer miteinander verband, durch Fliegerangriffe vernichtet wurde.

In Kappel spürten die Menschen am 6. Dezember 1944 zum ersten Mal am eigenen Leib, daß die französischen Truppen im Elsaß weit vorgedrungen waren und nur wenige Kilometer auf der anderen Seite des Rheins Stellung bezogen hatten. Um 11 Uhr erfolgte an diesem Nikolaustag der erste Artillerieeinschlag in der Eisenbahnstraße zwischen dem Anwesen des Matthias Bührle und des Cyprian Giedemann. Wilhelmine Giedemann wurde dabei verwundet. Nun wurde fast täglich aus dem Elsaß herübergeschossen. Das Ziel war dabei die Kirche, in deren Turm sich ein deutscher Beobachtungsposten aufhielt.

Auch die Angriffe aus der Luft machten den Menschen immer mehr zu schaffen. Gefürchtet waren nicht nur der Abwurf von Bomben, sondern der Beschuß aus den Bordwaffen der Jagdbomber. Am 12. Dezember 1944 wurde bei einem Angriff auf die Kirchstraße auf jeder Straßenseite eine Bombe abgeworfen. Während die erste Bombe sofort explodierte, detonierte die zweite erst nach Stunden, weil sie mit einem Zeitzünder versehen war. Die Anwesen Gruseck, Kölble, Andlauer, Hoch und Köhler wurden zerstört.

Franz Glück erinnert sich, daß in dieser Zeit alle männlichen Jugendlichen ab 16 Jahren und die älteren

Männer zum Volkssturm eingezogen wurden: „Jeder trug eine Armbinde und erhielt ein Gewehr. Das Wachlokal des Volkssturms war bei Wilhelm Kölble in der Kirchstraße, der heutigen Rathausstraße. Den Umständen entsprechend waren wir gut untergebracht." Durch den Beschuß waren die Strom- und Telefonleitungen in Kappel zerstört worden. Das Wachlokal hatte jedoch Strom, der von den Turbinen der Kappeler Mühle erzeugt wurde. Die Leitungen von der Mühle zu Kölbles Haus wurden aber fast jede Nacht durch den Beschuß aufs neue zerstört.

Am 14. Dezember 1944 wurde die Pfarrkirche durch Artilleriebeschuß in Brand gesetzt und zerstört. „Tag und Nacht war auf die Kirche geschossen worden", erzählt Franz Glück. Bei dem Angriff auf die Kirche brannte auch das Pfarrhaus aus. „Pfarrer Tröscher kam zu uns ins Wachlokal und bat uns, ihm zu helfen", berichtet Franz Glück. „In der Kirchstraße brannte Haus an Haus, man konnte sich kaum auf die Straße trauen. Obwohl der Dachstuhl schon brannte, holten wir noch Möbel und das Harmonium aus dem Haus." Im Keller des Pfarrhauses bedrohte das Feuer die Vorräte, die die Nachbarn dort untergebracht hatten. Es gelang den Jungen, mit einer kleinen Feuerspritze die züngelnden Flammen zu löschen und so die Lebensmittel zu erhalten. Agathe Finkbeiner, die Tochter des Mesners, brachte den Jungen in Eimern das Löschwasser.

Durch den anhaltenden Beschuß wurde ein weiteres Verbleiben im Dorf unmöglich, obwohl, wie es im Dorfsippenbuch heißt, „alle zum Ausharren entschlossen waren". Am 20. Dezember setzte sich um Mitternacht der Wagenzug der Kappeler in Bewegung, weil sich tagsüber wegen der Fliegerangriffe niemand mehr auf die Straße traute. Der Großteil der Bevölkerung wurde wieder in Sulz einquartiert. Für Gäste und Gastgeber war dies mit mancherlei Problemen verbunden:

Es war Winter, die Unterbringung der Kappeler war deshalb schwerer als im Sommer 1940. Für das Vieh war im »Arbeiterdorf« Sulz zudem wenig Platz. Fünfzehn Kappeler Familien wurden in Ettenheimmünster untergebracht, zwölf in Ettenheim, sieben in Münchweier, fünf in Altdorf und je drei in Reichenbach und Schweighausen.

Die vier Ortseingänge wurden während der Abwesenheit der Bewohner vom Volkssturm bewacht. Nachts fanden im Dorf Patrouillengänge statt, um zu verhindern, daß die leerstehenden Häuser geplündert wurden.

Zu den Aufgaben des Volkssturms zählte in Kappel aber nicht nur die Bewachung des geräumten Dorfes. „Wir mußten das Vieh, das im Dorf zurückgeblieben war, füttern und auf Abruf nach Lahr bringen", erinnert sich Franz Glück. „Wir kamen nicht aus den Kleidern, waren Tag und Nacht unterwegs." Nachts wurde auch oft Futter für das Vieh in Fahrzeugen, die die Wehrmacht zur Verfügung gestellt hatte, nach Sulz transportiert. „Wenn wir den beschwerlichen Weg durch Eis und Schnee geschafft hatten, konnten wir oft nur kurz bleiben und mußten in der nächsten Nacht wieder zurück nach Kappel", berichtet Franz Glück.

Aber auch in Sulz waren die Kappeler bald nicht mehr sicher. Am Neujahrstag 1945 wurden über Sulz Bomben abgeworfen. Der neunjährige Richard Hund aus Kappel kam dabei ums Leben. Bei einem weiteren Angriff wurden Rosa und Maria Löffel verletzt. Einige Familien verloren ihre mit Mühe hergebrachte Habe.

In Kappel schritt die Zerstörung immer weiter fort. Nicht immer konnten die Männer und Jungen, die im Dorf zurückgeblieben waren, die durch Bomben oder Artilleriebeschuß in Brand gesetzten Gebäude löschen. Oft war es den wenigen Menschen nicht möglich, die rasch um sich greifenden Flammen zu bekämpfen. „Manches Gebäude hätte man retten können, wenn mehr Leute zur Brandbekämpfung dagewesen wären", ist sich Franz Glück sicher. Die wenigen, die da waren, mußten sich beim Löschen mit unzureichenden Hilfsmitteln begnügen. Die Schlauchleitungen waren meist zu kurz, manchmal war auch das Wasser gefroren. „Die Scheune von Markus Wieber habe ich mit einem kleinen Faß Most gelöscht, weil das Wasser gefroren war", erzählt Franz Glück.

Am 22. Februar brannte das Rathaus der Gemeinde ab. Die wertvollen Akten und Urkunden, die bis ins 16. Jahrhundert zurückreichen, blieben verschont, da sie schon vorher ins Ringsheimer Bergwerk in Sicherheit gebracht worden waren. Für die, die im Dorf geblieben waren, mußte das Leben weitergehen. Franz Glück erinnert sich, daß er am Morgen nach dem Brand des Rathauses aus der Asche Glut holte, um das ausgegangene Herdfeuer im Wachlokal wieder anzuzünden.

Am 19. April 1945 marschierten die französischen Truppen, die vier Tage zuvor in Straßburg den Rhein überquert hatten, in Kappel ein. Sie sprengten die Bunker, die im Dorf errichtet worden waren, und zerstörten dabei auch die umliegenden Wohnhäuser. Auch die Elzbrücke und eine Brücke außerhalb des Dorfes wurden gesprengt. Die Dorfbevölkerung war beim Einmarsch der Franzosen noch in Sulz. Noch im Laufe des Monats April kehrten einzelne Familien wieder zurück. Und als in den ersten Maitagen die letzten französischen Truppen abgezogen waren, kamen nach und nach alle wieder heim.

Der Bürgermeister schilderte in den 60er Jahren in einem Bericht an Landrat Dr. Georg Wimmer diese Rückkehr der Kappeler: „Den zurückgekehrten Bewohnern bot sich ein Bild des Grauens, als sie sich dem Dorf näherten. Die weithin sichtbare Kirche wirkte mit den gegen den Himmel ragenden kahlen Mauern wie ein Gespenst. Die Straßen und die Höfe waren übersät mit Ziegelsteinen, Holzbalken, Drähten, ein

58 Kappel

Wirrwarr sondergleichen. Man hatte Mühe, mit dem Fuhrwerk durchzukommen. Nicht nur die Zerstörungen an Gebäuden sind zu nennen, auch alle Brücken innerhalb der Gemarkung sind vor der Besetzung durch deutsche Truppen gesprengt worden. Es galt nun, zunächst 123 obdachlosen Familien Unterkunft zu verschaffen. Das war äußerst schwierig, wenn man bedenkt, daß hierfür nur zwei unbeschädigte und ca. 160 leicht beschädigte, größtenteils einstöckige, kleine Häuser zur Verfügung standen, und in diesen Häusern auch die Familien der Eigentümer wohnen mußten.

Frauen und Mädchen, die noch während der Besetzung gleich nach dem Einzug der französischen Truppen nach Kappel zurückkehrten, wurden größtenteils Opfer von Vergewaltigungen durch farbige Soldaten. Gott sei Dank dauerte dieser Zustand nur fünf Tage. Bald darauf wurde es wieder ruhiger und die Ordnung kehrte ein."

Seit dem 30jährigen Krieg war keine solche Katastrophe über das Dorf hereingebrochen

Der Gesamtschaden, der in Kappel im Zweiten Weltkrieg entstand, wurde auf 3,6 Millionen Reichsmark geschätzt. „Seit dem 30jährigen Krieg war keine Katastrophe von solchem Ausmaß über das Dorf an der Grenze hereingebrochen", heißt es dazu im Dorfsippenbuch. Allein an der Kirche, die am 14. Februar 1945 durch Artilleriebeschuß zerstört wurde, entstand ein Schaden von 378 000 Reichsmark.

Trotz dieser immensen Schäden mußte sich die Gemeinde an den Abgaben für die französische Besatzungsmacht beteiligen. Vieh, Kleider und andere Gebrauchs- und Wertgegenstände mußten abgeliefert werden. In einem Schreiben an den Landrat vom 9. Juli 1945 wird berichtet, daß unter anderem von den Kappelern 241 Jacken, 236 Hosen, 468

Taschentücher, 125 Paar Schuhe und 61 Mäntel abgeliefert wurden. In einem Schreiben vom 2. August desselben Jahres wurde darauf hingewiesen, daß von den Gemeinden des Landkreises Lahr 190 fahrbereite Fahrräder abzuliefern seien. Das Auflagensoll für Kappel betrage vier Fahrräder. „In erster Linie kommen für die Abgabe Nationalsozialisten in Frage", hieß es in dem Brief des Landrates. Auch die Radioapparate wurden von der Besatzungsmacht beschlagnahmt.

Neben Lebensmitteln wie Mehl, Eier, Speck, Gemüse und Kartoffeln mußten Heu, Hühner und Hasen, fünf Autoreifen und 300 Ziegel abgegeben werden. In einem Verzeichnis vom 28. September wurde aufgeführt, daß von den Bewohnern der Gemeinde Kappel Vieh im Wert von 12 280 Reichsmark abgeliefert wurde.

Obwohl die Menschen durch die Zerstörungen und die Beschlagnahmungen den Gürtel sehr eng schnallen mußten, kamen im Dezember 1945 bei einer Sammlung in der Gemeinde 7000 Reichsmark zusammen. Vom Landkreis Lahr erhielt die Gemeinde eine Entschädigung von 22 000 Reichsmark zugeteilt. Der Kappeler Gemeinderat beriet am 28. Dezember 1945 über die Verteilung dieses Geldes: Die Einwohner mit total beschädigten Wohn- und Ökonomiegebäuden erhielten je 400 Reichsmark, diejenigen, deren Wohnhaus zerstört war, 300 Reichsmark und die, deren Ökonomiegebäude beschädigt war, 200 Reichsmark.

Doch für die, die in diesem Krieg ihren ganzen Besitz oder große Teile davon eingebüßt hatten, konnte die Zahlung nur ein Tropfen auf den heißen Stein sein.

Lahr

Wie bei einem Erdbeben zittert unser Haus am Alten Berg

In Lahr hinterließ der Zweite Weltkrieg tiefe Wunden. „120 Zivilisten starben hier während des Krieges, davon 91 durch Bombenangriffe, 17 durch Artilleriebeschuß und 12 während der Kampfhandlungen. 130 Häuser mit 270 Wohnungen wurden total zerstört, weitere 275 Gebäude mit 300 Wohnungen unbewohnbar, ebenso noch einmal 300 Wohnungen in sonst leichter beschädigten Gebäuden." Diese Bilanz wird von dem langjährigen Lahrer Stadtarchivar Joachim Sturm 1986 in einem Beitrag über das Kriegsende in Lahr in der Zeitschrift »Brücke zur Heimat« aufgeführt.

Die Ereignisse in Lahr während des Krieges hat der Hauptlehrer Emil Baader festgehalten. Im Auftrag des damaligen Oberbürgermeisters Dr. Karl Winter fertigte er eine »Chronik der Stadt Lahr zur Zeit des Zweiten Weltkrieges« an. Akribisch genau hielt er die Ereignisse von 1939 bis 1945 fest. Seine Aufzeichnungen bilden zusammen mit den Tagebuchnotizen von Hans Lehmann und dem Beitrag von Joachim Sturm die Grundlage für dieses Kapitel.

Während in den Gemeinden, die in der sogenannten »roten Zone« bis zu fünf Kilometer Luftlinie vom Rhein entfernt lagen, Anfang September 1939 Alte und Kranke sowie Mütter mit kleinen Kindern evakuiert wurden, blieb es in Lahr ruhig. Vorsichtsmaßnahmen wurden aber auch hier getroffen. Sechs öffentliche Luftschutzkeller sowie die Storchenturmanlage wurden instandgesetzt. Während des Krieges standen der Bevölkerung neben den privaten Kellern insgesamt 13 öffentliche Luftschutzräume zur Verfügung. Sie blieben aber vorerst unbenutzt, denn noch fielen keine Bomben. Lediglich »feindliche« Flugblätter wurden am 10. Dezember 1939 über dem Schuttertal abgeworfen.

In der Nacht vom 3. auf den 4. Mai 1940 bekam Lahr erstmals direkte Kriegseinwirkungen zu spüren: Im Wald über dem »Schelmengäßle« gegen Kuhbach fielen zwei Bomben, Blindgänger. Kurze Zeit später erfolgte die Westoffensive der deutschen Wehrmacht über den Rhein. „Vom Schutterlindenberg aus sah man unsere Bomber und Stukas (Sturzkampfbomber) am Werk", schrieb Emil Baader. Das Elsaß wurde vom Dritten Reich annektiert, ein Teil Frankreichs besetzt. Zahlreiche Elsässer kamen in die Stadt, um hier zu arbeiten. Unfreiwillig kamen dagegen im September 70 französische Kriegsgefangene nach Lahr.

Am 30. Juni 1940 wurde in Lahr der erste »Vollalarm« gegeben. Die Stadt wurde aber an diesem Tag nicht angegriffen, sie blieb noch dreieinhalb Jahre von Zerstörung verschont. In anderen Teilen Deutschlands hatten die Menschen dagegen bereits unter den Folgen der Fliegerangriffe zu leiden. Am 10. Mai 1943 traf der erste Sonderzug mit 600 Dortmunder Fliegergeschädigten in Lahr ein. Weitere Transporte folgten. Die Luisenschule wurde als Schulhaus für die Dortmunder Kinder zur Verfügung gestellt.

1944 war es in Lahr mit der trügerischen Ruhe vorbei. In der Nacht vom 25. auf den 26. Februar wurde die Stadt von Leuchtkugeln taghell erleuchtet. Nachtjäger schossen ein feindliches Flugzeug ab, das bei Seelbach über dem Litschental abstürzte. Bomben, die sich bei dem Absturz lösten, rissen mächtige Trichter. „Ein englischer Flieger blieb mit seinem Fallschirm an einem Baum bei Kuhbach hängen. Man hörte am Ort seine Hilferufe. Am Morgen war er tot", notierte Emil Baader emotionslos. Ein englischer Leutnant kam als Gefangener ins Lahrer Krankenhaus. Zahlreiche Bürger besichtigten das abgestürzte Flugzeug.

Am 27. und 28. April 1944 fanden wieder Luftkämpfe über Lahr statt. Hinter Burgheim, in dem Wald über Gießen, stürzten getroffene, feindliche Flugzeuge ab.

Auch am 27. Mai lieferten sich deutsche und alliierte Maschinen Luftkämpfe bei Lahr. Bomben fielen auf Friesenheim und (Alt-)Langenwinkel. In Langenwinkel wurden zwei Häuser getroffen.

Der 10. August 1944 war für die Lahrer ein aufregender Tag. „Von 11 bis 12 Uhr war Alarm. Die feindlichen Jäger umkreisten die Stadt im Tiefflug. Dann sausten sie heulend über die Dächer und schossen mit Bordwaffen. Auf den Bahnhof wurden acht Bomben geworfen, darunter vier Blindgänger. Das Lager des Zollhauses stand in Flammen. Wertvolle Güter, darunter vier Rundfunkgeräte, verbrannten. Ein Pferd wurde getötet. Am Bahnhof Lahr-Dinglingen fielen zwei Blindgänger in den Frauenabort, andere in die Siedlung. Personen wurden auf dem Feld beschossen", notierte der Chronist.

Am 30. September 1944 berichtete Baader, daß die Totenliste, „die der Kundige im Lahrer Rathaus führt, nahezu 500 Männer nennt". Ahnungsvoll fuhr er fort: „Wohl hatte die Stadt bewegte, aufregende Tage, nach menschlichem Ermessen stehen uns die härtesten noch bevor." Fünf Tage später wurden die Schwerkranken und Schwerverwundeten des Lahrer Reserve-Lazaretts abtransportiert. „Nachts um ein Uhr kam der längst überfällige Lazarettzug von Freiburg hier an, 21 Männer des Lahrer Roten Kreuzes halfen bei der Überführung der 50 Soldaten", notierte der Lehrer. Nur noch 25 Leichtkranke blieben im Lazarett zurück.

Am 3. Oktober war ein auf der Reichsstraße von Dinglingen nach Oberschopfheim fahrendes Auto von alliierten Tieffliegern angegriffen worden. Der Kraftfahrer wurde dabei getötet. Weit über 1000 Dortmunder und Wittener reisten aus dem Kreis Lahr in ihre Heimat zurück. Es hieß, anstelle der Dortmunder sollten vor allem Karlsruher in den Kreis Lahr kommen.

Am 12. Oktober 1944 beschrieb Emil Baader, daß in den Nächten weniger Alarm sei, bei Tag dafür um so mehr. Selbst bei Vollalarm würden die Straßen nicht ganz leer, die Polizei habe es nicht leicht. „Nur wenn Flieger über der Stadt kreisen, begeben sich die Passanten in die Häuser." Offensichtlich glaubten nicht alle Menschen, daß bei den Alarmen nicht viel zu befürchten sei. Baader beobachtete, wie einige Bewohner der Stephanienstraße Privatbunker bauten. Er bemerkte auch, daß der Bau von Bunkeranlagen an der Serre-Kaserne, – benannt nach einer Schlacht im Ersten Weltkrieg, gute Fortschritte mache.

In dieser letzten Phase des Krieges wurden von den Nationalsozialisten alle verfügbaren Kräfte mobilisiert, um die Niederlage aufzuhalten. Rund 300 bis 400 Personen aus Lahr, hauptsächlich Frauen, waren bei Schanzarbeiten im Ried eingesetzt. Diese Arbeiten waren wegen der ständigen Bedrohung durch Tiefflieger sehr gefährlich. Die Männer von 16 bis 60 Jahren wurden am 16. Oktober 1944 zum Volkssturm aufgerufen.

Am 21. November sprach es sich in Lahr herum, daß die Rheinbrücke von Breisach gesprengt worden sei und die alliierten Streitkräfte von der Burgundischen Pforte her ins Oberelsaß eingebrochen seien. Eine Woche später wurden von Pionieren an allen Lahrer Ortseingängen Panzersperren errichtet. „Wiederum fahren die Wagen mit verpackten Koffern und Kisten, unheimlich für die Zurückgebliebenen", notierte Emil Baader. Die zehn- bis vierzehnjährigen Schüler aus Lahr fuhren, begleitet von zwei Lehrern, in ein Jugendlager am Titisee. Viele andere folgten ihrem Beispiel und verließen die Stadt, an die die Front immer näher heranrückte: „Einige hundert Personen melden sich täglich von Lahr ab, sie ziehen an den Bodensee, nach Württemberg, in alle Lande Deutschlands, nur nicht in die Kriegszone."

Am 12. Dezember griffen um 15.20 Uhr acht alliierte Flugzeuge Dinglingen an und warfen Brandkanister ab. „Der Hauptschaden entstand im Waisenhaus, wie das evangelische Mädchenerziehungsheim im Volksmund heißt", berichtete der Chronist. „Personen kamen nicht zu Schaden, aber Vorräte für 24 Stück Vieh verbrannten." Am 19. Dezember wurden sechs Menschen bei einem Angriff auf das Elektrizitätswerk getötet (siehe auch Seite 75 „Die Lahrer Industrie wurde vollständig zerstört").

Auch an Weihnachten ruhten die Waffen nicht. Am 25. Dezember wurde Lahr wieder angegriffen. „Mit dem Geknatter von Bordwaffen, dem dumpfen Fallen von Bomben, dem schrillen Ruf der Sirenen und dem Motorengeräusch der Flieger beginnt für uns der Weihnachtsmorgen", schrieb Emil Baader in sein Kriegstagebuch. Zur Jahreswende blieb es in Lahr selbst ruhig.

Für die Bewohner von Sulz begann das Jahr 1945 mit einem Tag des Schreckens: 13 Jagdbomber warfen am 1. Januar 26 Sprengbomben im Reihenwurf ab. Zwei Jungen wurden dabei getötet. Als Ursache für den Angriff wird angenommen, daß die Alliierten durch in der Silvesternacht abgefeuerte Leuchtkugeln auf das Dorf aufmerksam wurden.

Sulz hatte bis dahin als sicherer Ort gegolten. Ende 1944 waren hier rund 1500 Personen aus Kappel einquartiert. Ihr nahe am Rhein gelegenes Dorf war in den zurückliegenden Kriegsjahren zu 75 Prozent zerstört worden. In dem weitab gelegenen Sulz hatten sich die Kappeler Ruhe vor den Flieger- und Artillerieangriffen erhofft.

Der Angriff fand um 13.55 Uhr, während des Kirchgangs der Katholiken, von Osten her statt. Das Bild, das der Ort nach diesem Angriff bot, hat der Chronist Emil Baader beschrieben:

„30 große Trichter sind zu sehen. Wenn man die Uhlsteige emporsteigt, bietet sich ein erschütterndes Bild. Überall sind riesige Trichter, zerrissene Häuser und umgepflügte Erde. Ein nie gesehener Anblick: Man sieht in die Häuser hinein. Die Menschen retten und holen, was aus den Häusern zu retten und zu holen ist."

Ein 14jähriger Lehrjunge aus Lahr und ein Drittkläßler aus Kappel kamen bei dem Angriff ums Leben. Sechs Häuser wurden total zerstört, sieben schwer und 13 mittelschwer beschädigt. Baader schrieb auch in seiner Chronik, daß mehrere Militärpferde getötet wurden.

Am 6. Januar 1945 wurde ein großer Teil der Lahrer Volkssturmmänner notdienstverpflichtet und in die Serre-Kaserne eingezogen. Vier Tage später folgten weitere 150 Männer aus der Umgebung. Viele Lahrer und auch fremde Arbeitskräfte verließen die Stadt. „Es gibt viel Arbeit auf dem Einwohnermeldeamt, statt drei sind dort sieben Personen beschäftigt", so der Chronist. Bis zum Monatsende hatten bereits 4000 Lahrer ihre Heimatstadt verlassen.

Der 13. Januar 1945 stand in Lahr im Zeichen des »Volksopfers«. Zu diesem Zeitpunkt waren die Glocken der Kirchen und auch die Denkmäler längst in den »Dienst des Krieges« gestellt. Die Büsten des Dichters Ludwig Eichrodt und des Bürgermeisters Schuler waren längst zu Kanonen umgegossen worden. Nur das Lotzbeck-Denkmal wurde nicht eingeschmolzen. Doch nicht nur die Bronze war während des Krieges knapp geworden. „Lahr steht im Zeichen der Gas-, Kohle- und Holznot", beschrieb Baader die harte Belastungsprobe, der die Menschen in diesem Winter ausgesetzt waren. „Das Gas ist täglich 16 Stunden gesperrt, wer kann, holt Holz im Wald." Das Verlassen der schützenden Keller und Bunker war jedoch nicht ohne Risiko, da sich die Angriffe häuften: Am 21. Januar 1945 zählte man den 375. Vollalarm.

In Lahr stellten im letzten Kriegsjahr nicht allein die Angriffe aus der Luft eine Gefahr dar. Die französischen Truppen, die das Elsaß von der deutschen Besetzung befreit hatten, schossen mit Artilleriefeuer auf die rechte Rheinseite. Am Sonntag, dem 4. Februar, erfolgte der erste Artillerieangriff auf Lahr, 50 Granaten schlugen zwischen 16.30 Uhr und 16.50 Uhr ein. Die Dinglinger Hauptstraße wurde dabei beschossen, acht Personen verletzt. Die katholische Kirche erhielt insgesamt acht Treffer, darunter einen Volltreffer auf das Dach. „Es regnet auf die Bänke, der Boden ist voll Schutt. Eine unheimliche Stimmung, man hat das Gefühl, die Decke könnte einbrechen und die Besucher begraben. Der Westeingang ist halb offen, nirgends eine Seele um die geschändete, schwer verwundete Kirche. Am 19. Dezember erlitt die Stiftskirche Schaden – dabei hatte es zwei Tote gegeben – jetzt die Dinglinger Kirche. Wer wird die nächste sein?" schrieb Emil Baader.

Am 4. Februar nachts erfolgte ein weiterer Artilleriebeschuß, der diesmal die Innenstadt zum Ziel hatte. Am Bärenplatz schlug eine Granate in der Metzgerei Schätzle ein. Im benachbarten Kaufmann'schen Areal drang eine Granate durch das Kellerfenster. Durch die Wucht des Einschlages stürzte ein Regal mit Lithographie-Steinen um. Ein Mädchen, das in dem Keller Schutz gesucht hatte, wurde dabei erschlagen. Von diesem Tag an mußte ständig mit Artilleriebeschuß gerechnet werden, die meisten Menschen schliefen daher im Keller.

Am 8. Februar erfolgten mehrere Angriffe auf die Stadt. Bei einem dieser Angriffe warfen neun Jagdbomber und vier Jäger rund 30 Bomben ab und zerstörten unter anderem die Lederfabrik Emil Waeldin. Insgesamt wurden 25 Personen getötet und 21 verletzt (siehe auch Seite 75 „Die Lahrer Industrie wurde vollständig zerstört"). Bei einem weiteren Angriff wurde das Dinglinger Bahnhofhotel total zerstört, die Firma Biermann mittelschwer und 40 Gebäude leicht beschädigt. Dabei gab es vier Tote und zwei Verwundete.

In den folgenden Tagen konzentrierten sich die Fliegerangriffe auf die Serre-Kaserne. Am 14. Februar wurde sie zum ersten Mal angegriffen. Drei Männer vom Volkssturm kamen dabei ums Leben. Zwei Kasernengebäude wurden schwer, eines leicht beschädigt. „Auf dem Weg zur Kaserne sind riesige Trichter, der Wald ist umgepflügt von Trichtern", beschrieb der Chronist das Bild nach dem Angriff. „Die Bäume stürzen um wie Streichhölzer, an den Bauten sind überall die Fensterscheiben zertrümmert."

Fünf Tage später sollte es noch schlimmer kommen. 64 zwei- und viermotorige Bomber überflogen die Stadt in vier Wellen. Bei dem Angriff, der um 15.05 Uhr im Osten der Stadt begann, warfen die Flugzeuge mindestens 250 Sprengbomben ab. 51 Zivilisten und 11 Wehrmachtsangehörige wurden dabei getötet und 55 Menschen verletzt. Hans Lehmann notierte in seinem Tagebuch: „Man hört im Keller das Herabrauschen und das Einschlagen der furchtbaren Geschosse. Der Boden erzittert. Es sind schwere Augenblicke. Nachher sieht man Rauchwolken im Osten und Süden der Stadt. Die Kasernen sind zerstört. Das Friedensheim ist stark getroffen." Das Friedensheim war wohl deshalb bei diesem Angriff zur Zielscheibe geworden, weil sich dort bis zum Ende des Ersten Weltkrieges Kasernen befanden.

Emil Baader schilderte den Angriff so: „Nachmittags treibt eine Schar von Fliegern die Menschen in den Keller. Ehe man ihn erreicht hat, klirren die Scheiben, springen Türen. Frauen, die halb ohnmächtig sind, zittern. Wie bei einem Erdbeben zittert unser Haus am Alten Berg, 500 Meter von den Kasernen entfernt. Ein Blick vom Alten Berg auf die Kasernen: In hellen Flammen brennt die mit Heu und Stroh und Proviant aller Art gefüllte Reithalle in der Südostecke der Kaserne. Der Osteingang zu den Kasernen ist offen, kein Posten mehr auf seinem Platz. Die Motorspritze bringt Wasser in langen, roten Schläuchen zu der Reithalle, die immer noch hell brennt. Die einst so sauberen Kasernenhöfe sind übersät mit Ziegeln und Steinen und durchpflügt mit Trichtern. Das Stabsgebäude und die Kantinen sind leer. Teile des Friedensheim-Wohnblocks lagen in Trümmern, darunter waren Tote. Die Kasernen waren erst 1938 vollendet worden. Lahr hat nun seine Viertel der Verwüstung. Viele Leute starben im Wald bei der Kaserne."

Zwei Tage vor diesem schlimmen Angriff hatten wieder viele Bürger die Stadt verlassen. „Lahr zieht ins Schwabenland", meldete der Chronist. „Gestern fuhr ein Sonderzug nach Biberach an der Riß, von dort kommen die Lahrer in die Umgebung. Heute fahren vier Autobusse mit Leuten aus Lahr von der Friedrichsschule ab nach Biberach, des weiteren fährt ein Sonderzug nach Nürtingen am Neckar. Insgesamt fahren Sonderzüge mit 105 Personen ab." Genau so viele Menschen wurden 1945 insgesamt im Monat Februar bei den schweren Angriffen auf Lahr getötet. Auch das folgende notierte Emil Baader in diesem Monat: „Die Lahrer Bevölkerung fiel von 21 000 auf 12 000. Wenn die Entwicklung auf diese Art und Weise weitergeht, wird es in absehbarer Zeit eine verlassene, tote Stadt sein."

Die Lage spitzte sich immer mehr zu. Am 5. März fand eine Besprechung der Lehrerschaft in Anwesenheit des Landrates statt. Dabei wurde erörtert, ob die Lahrer Innenstadt nach Heiligenzell evakuiert werden sollte. Zu diesem Beschluß kam es jedoch nicht. Es wurde aber festgelegt, daß „bei Katastrophen" die Behörden, Betriebe und Schulen Leute zur Bergung von Verwundeten und Verschütteten zur Verfügung stellen sollten. Die Innenstadt sollte von Frauen und Kindern möglichst geräumt werden.

Waren im Februar mindestens 378 Spreng- und 16 Brandbomben auf Lahr gefallen, so fielen im März rund 180 Spreng- und 250 Brandbomben auf die Stadt. Diese schlimme Bilanz wurde im Folgemonat nicht mehr übertroffen: Mitte April wurde Lahr von französischen Truppen besetzt. Am Freitag, 13. April, wurde gemeldet, daß die Alliierten am Vortag Baden-Baden ohne Kampf besetzt hatten. Viele Lahrer kehrten in ihre Heimatstadt zurück. Zahlreiche Kappeler, die in Sulz einquartiert waren, machten sich ebenfalls auf den Heimweg, obwohl ihr Dorf eine einzige Ruine war.

„Die Kirchenglocken verkünden das Eindringen des Feindes"

15. April 1945: Französische Trupen überqueren an diesem Tag, einem Sonntag, bei Straßburg den Rhein. „Der Krieg ist vor den Toren der Stadt", berichtete Emil Baader. „Feindliche Panzerspitzen kommen von Altenheim, Dundenheim, Ichenheim. Vieh aus Friesenheim wurde heute nach Seelbach gebracht. Ukrainische Infanterie mit gelben Kokarden wurde in Kuhbach gesehen." Überall waren nun neben den Volkssturmmännern Soldaten der Wehrmacht zu sehen. Eisenbahnüberführungen und Brücken wurden gesprengt, die Panzersperren in Dinglingen wurden geschlossen, die Schaufenster vernagelt.

Hans Lehmann aus Lahr schrieb unter diesem Datum in sein Tagebuch: „Schwere Detonationen erschüttern die Häuser. Brückensprengung bei Dinglingen. Um 19.30 Uhr ballern unsere Geschütze am Schutterlindenberg und am Galgenberg los. Abends 9 Uhr läuten – da kein Strom für die Sirene vorhanden ist – die Kirchenglocken und verkünden der Lahrer Bevölkerung das Eindringen des Feindes in unseren Bezirk."

16. April 1945: „Die Wehrmacht hält Ausverkauf, das Lager in Friedensheim wird aufgelöst, damit es dem Feind nicht in die Hände fällt", notierte Emil Baader um 13 Uhr. Joachim Sturm schreibt in seiner Rückblende: „An diesem Tag richtet die französische »Division Coloniale« von Oberweier aus Geschütze auf Lahr, erste Schüsse werden abgegeben." Einerseits wurde nördlich von Lahr gekämpft, die Stadt sollte vom Wald her überlaufen werden, von einer Seite, von der man den Angriff nicht erwartete. Andererseits erfolgten Angriffe mit Brand- und Sprengbomben auf Lahr und Umgebung, die Flugzeuge schossen auch mit ihren Bordwaffen. Von vier Bränden, davon einer in der Kirchstraße, wurde berichtet.

17. April 1945: Viele Menschen flohen aus der Stadt und zogen, wie Emil Baader schrieb, „in einem endlosen Zug mit Sack und Pack ins Tal". Wieder erfolgten Fliegerangriffe, dabei wurden unter anderem in der Burgheimer Straße schwere Schäden angerichtet. Wie ein Lauffeuer sprach es sich herum, daß die beliebte Apothekerin Klärle Wilhelm dabei mit Mutter und Schwester einen furchtbaren Tod fanden. Sie hatten sich in den Keller zurückgezogen, als das Haus durch den Beschuß in Brand gesetzt wurde. Auf der einen Seite versperrten ihnen die Flammen den Weg ins Freie, auf der anderen Seite die vergitterten Kellerfenster. Klärle Wilhelm habe an den eisernen Gitterstäben gerüttelt und laut um Hilfe geschrien. Sie sei bei lebendigem Leibe verbrannt.

Hans Lehmann beschrieb die Situation in Lahr so: „Im Schuttertal, so sagt man, liege viel Militär. Wird die Stadt von den Unseren verteidigt oder nicht, das ist das Tagesgespräch. Eine große Nervosität hat die Leute erfaßt. Kinder werden angebrüllt. Erwachsene bekommen Streit miteinander."

Emil Baader schrieb in seine Chronik: „Ein Gerücht geht um: Wenn sich Lahr heute, Dienstag, 17. April, bis zur 10. Stunde nicht übergibt, wird es in Grund und Boden geschossen. Das Gerücht ging von Mund zu Mund, eine Frau hatte es von einem Polizisten gehört. Abends sprach sich dann ein Aufruf herum: Alle Frauen der Stadt sollten in der Stadt zum Wehrmachtskommandanten kommen, um Wege zur Übergabe der Stadt zu erbitten – vergeblich. Tausende sollen es gewesen sein, die sich dem Zug angeschlossen haben. Der Landrat soll zu den Frauen gesprochen haben. Er soll gesagt haben, er werde den Wunsch der Bevölkerung weiterleiten und empfahl den Frauen, nach Hause zu gehen. Wenn die Übergabe bewilligt werde, sollten die Glocken läuten. Sie haben aber nicht geläutet." Auch die Geistlichen aller Konfessionen appellierten vergeblich an die Verantwortlichen.

Hans Lehmann schrieb dazu: „Die Menschen haben den Krieg satt, sie verlangen nach Ruhe und Sicherheit, aber die Soldaten werden sich bei ihren Aktionen schwerlich von der Zivilbevölkerung dreinreden lassen. Der Krieg geht weiter."

18. April 1945: Joachim Sturm schreibt: „Im Stadtgebiet haben sich drei Verteidigungsschwerpunkte gebildet: Dinglingen, der Schutterlindenberg und Burgheim. Während in Dinglingen nur wenige Soldaten und Volkssturmmänner mit leichten Waffen hinhaltenden Widerstand leisten, hält am Schutterlindenberg eine größere, aus Wehrmacht und Zollgrenzschutz bestehende Truppe unter dem Kommando ihres Führers Steck die französischen Panzer auf Distanz. Bei Burgheim verteidigt sich ein Panzerjagdzug. Am Waldrand in Richtung Heiligenzell liegt eine Abteilung des Volkssturmes."

Hans Lehmann notierte: „In der Stadt brennt es an allen Ecken und Enden. Verhandlungen wegen einer Übergabe der Stadt sollen gescheitert sein. Alles befürchtet nun die Zerstörung der Stadt durch feindliche Bomber. Sechs Uhr. Es ist soweit. Die Stadt ist vom

Feind besetzt. Es sind keine Amerikaner, sondern Franzosen. Sie sind von Burgheim her eingedrungen und haben offenbar einen Teil der bei Dinglingen und am Schutterlindenberg stehenden deutschen Truppen eingeschlossen. Die deutschen Widerstandsnester am Berg scheinen heftig zu kämpfen, man hört starken Kanonendonner, krachende Einschläge von Granaten, heftiges Infanterie- und MG-Feuer."

Emil Baader hatte ebenfalls seine Notizen gemacht. „Seit Mittwoch, 18. April, ist die Stadt mit dem Storchenturm unter französischer Besetzung. Es hat sich anders vollzogen, als man annahm, aber es hat sich vollzogen. Wie ein Sturm brauste die Offensive der Franzosen über unsere Stadt." 25 Soldaten fielen in den Gefechten um Lahr. In der »Geschichte der Stadt Lahr« ist nachzulesen, daß der Oberbürgermeister Dr. Winter, der seit 1933 im Amt war, an diesem Tag abwesend war. An der Spitze der Stadt habe ihn Fritz Leser vertreten. Leser wurde von der Militärregierung seines Amtes enthoben, in Haft genommen und am 21. April durch den Fabrikanten Dr. Paul Waeldin ersetzt.

Für die Mietersheimer sollte der 18. April ein schreckliches Ende nehmen. 300 Granaten vernichteten einen großen Teil des Ortes, vier Zivilisten wurden getötet. „Wie man hört, hat Mietersheim das einigen Hitlerjungen zu verdanken, die um 20 Uhr auf der Anhöhe zwischen Mietersheim und Lahr das Feuer auf einen alliierten Panzer eröffneten und zwei Franzosen töteten. Darauf eröffneten die Franzosen das Feuer auf das Dorf, in dem sie die deutsche Wehrmacht vermuteten", notierte Emil Baader. Ein ganzes Dorf mußte für die Verblendung der Jugendlichen büßen, die den nationalsozialistischen Parolen vom »Kampf bis zum letzten Mann und bis zur letzten Patrone« geglaubt hatten.

Den umgekehrten Weg war am 18. April der Lahrer Otto Schmidt gegangen. Joachim Sturm schreibt dazu:

„Schmidt, ein einfacher Bürger, entschließt sich, mit den Franzosen Kontakt aufzunehmen, um ihnen mitzuteilen, daß in der Stadt selbst keine Truppen mehr liegen. Er ist bereits am Vortag mit dem Fahrrad in Richtung Heiligenzell vorgegangen, einigen Volkssturmmännern auf dem Rückzug begegnet, schließlich auch französischen Soldaten, die sich jedoch nicht um den Zivilisten kümmern, worauf er wieder umkehrte. Nachdem er von der Demonstration vor dem Wehrmeldeamt gehört hatte, machte er in der Nacht einen neuen, wieder vergeblichen Versuch. Erst am Mittwoch, beim dritten Gang in Richtung Heiligenzell, kommt der gewünschte Kontakt mit den Franzosen zustande. Schmidt trifft um 11 Uhr im Gewann Heeg auf feindliche Truppen, eilt ihnen, alle Warnrufe mißachtend, entgegen und wird durch einen Streifschuß leicht am Kopf verletzt. Dann steht er vor einem Dolmetscher, dem er seine Botschaft übermitteln kann. Bevor er am Nachmittag mit den feindlichen Truppen nach Lahr fahren darf, erklärt man ihm noch, wenn Lahr verteidigt worden wäre, hätte man die Stadt mit einem Großangriff aus der Luft in die Knie gezwungen."

19. April 1945: „Wir haben im Keller zum ersten Mal seit langer Zeit ruhig und ohne Sorge um unser Leben geschlafen", schrieb Hans Lehmann. „Immer noch wälzen sich dichte Rauchwolken über die Stadt, und der Ostwind treibt Brandgeruch zu uns her. Lahr weist viele neue Zerstörungen und Brandstellen auf. In der Kirchstraße ist eine ganze Häuserreihe in rauchende Ruinen verwandelt worden. Die Kartonagenfabrik Ch. Dahlinger ist in Flammen aufgegangen. Die Frommersche Werkstatt in der Luisenstraße ist niedergebrannt. Eine Phosphorgranate soll in die katholische Kirche gefallen sein, glücklicherweise ohne zu zünden. Bös sieht es in der Friedrichstraße aus: der »Wilde Mann« und weitere Gebäude wurden ein Raub der Feuersbrunst. Das schöne Zuckersche Fachwerkhaus steht nicht mehr. In Burgheim oben und am Huberweg flackern Brände und eingestürzte Bauten. Auf einer qualmenden Trümmerstätte steht ein Schild mit einer Benachrichtigung: ‚Wir leben noch!'"

Emil Baader notierte: „Am 19. April wurde von der Besatzungsmacht der Befehl gegeben, daß sämtliche Rundfunkempfänger, Waffen und Lichtbildapparate im Rathaus gegen Quittung abgegeben werden mußten. Nach 17 Uhr sollten Kontrollen in den Häusern durchgeführt und Nichtablieferer erschossen werden. Ohne Ausweis durfte niemand mehr auf die Straße."

Im dritten Band der »Geschichte der Stadt Lahr« wird berichtet, daß „eine der ersten Anweisungen der Militärregierung lautet, daß sie den Nazigruß nicht mehr angewendet sehen wollte". Die Zeit der Fliegeralarme und des Artilleriebeschusses war jetzt für die Lahrer zwar zu Ende, die Einschränkungen, Lebensmittel- und Warenknappheit hielten jedoch noch viele Monate an. Viele Versorgungsleitungen waren zerstört. Elektrizität, Gas und Wasser waren nur stundenweise vorhanden.

Am 20. April mußten sich Männer zwischen 20 und 55 Jahren zum Arbeitseinsatz im Rathaus melden. Am 24. April schrieb Hans Lehmann in sein Tagebuch: „Nachmittags machen wir zusammen den ersten Spaziergang seit der Besetzung, gehen zum Schutterlindenberg. Nur die Stadt drunten mit abgedeckten Dächern und aufsteigenden Rauchsäulen erinnert daran, daß vor wenigen Tagen der Krieg hier vorübertobte. Oben auf dem Höhenkamm stoßen wir auf die Spuren der Kämpfe, sehen Gräben, Stellungen, Schützenlöcher, Granattrichter, verstreute Uniformen, Stahlhelme, Panzerfäuste, Kartuschen, Infanteriemunition, Hülsen. Das Wäldchen auf dem Hügel ist von Granaten zerzaust. Die Bäume, zersplittert und zerrissen, strecken ihre nackten Stümpfe in den Himmel. Wir stehen vor einem Soldatengrab, legen Blumen darauf nieder und denken an ein anderes Grab im fernen Rußland."

Am 25. April rollten die Fuhrwerke zahlreicher Riedbewohner durch Lahr. Sie kehrten aus der Evakuierung in ihre Heimatdörfer zurück. Am 29. April steht folgender Eintrag im Kriegstagebuch von Emil Baader: „An manchen Plätzen soll ausgeschellt worden sein, daß es bald wieder Gas und Strom und Milch, zunächst nur für Kinder, gibt. Die Rundfunkgeräte werden bald wieder zurückgegeben, wenn sich die Bevölkerung einwandfrei verhält. Wenn aber weiterhin Sabotagefälle vorkommen, Kabelleitungen sollen durchgeschnitten worden sein, ist mit drakonischen Maßnahmen zu rechnen."

Am Dienstag, 8. Mai 1945, dem Tag der Kapitulation, fand in Lahr die Siegesfeier der französischen Garnison statt. Der Aufmarsch der Soldaten zog durch die Kaiserstraße, Friedrichstraße bis zum »Schlüssel«, Bismarckstraße, Marktstraße, Luisenstraße und Schillerstraße. Am Urteilsplatz fand eine feierliche Parade statt.

In dem Vorbericht des Haushaltsplanes der Stadt Lahr für das Jahr 1945 heißt es unter anderem: „Der zu Ende gegangene schreckliche Krieg mit seinen unzähligen Menschenopfern hat außer der großen Verwüstungen, die er hinterlassen hat, das Wirtschaftsleben zerstört und die öffentlichen Lasten durch Vermehrung der Notstände auf allen Gebieten des öffentlichen Lebens enorm gesteigert."

Die Lahrer Industrie wurde vollständig zerstört

Die Lahrer Industriebetriebe wurden bei Fliegerangriffen im Zweiten Weltkrieg planmäßig zerstört. Den Anfang machte dabei am 19. Dezember 1944 der Angriff auf das Elektrizitätswerk Mittelbaden. Kurz nach 16 Uhr kamen an diesem

Tag die Tiefflieger und warfen ihre Last über Lahr ab. Sechs Personen wurden dabei getötet.

„Als die Tiefflieger über die Stadt kamen, stürzten sich die Passanten bei uns am Alten Berg auf den Boden", beschrieb Emil Baader den ersten schweren Fliegerangriff. „Eine Bombe fiel in den Garten des Anwesens »Meurer und Braun« in der Schillerstraße. Bäume wurden entwurzelt, der Garten war voller Wasser, alles war verwüstet. In der Schillerstraße zersprangen viele Fensterscheiben, bei »Boschert«, dem Verkehrsverein und bei »Kaisers Kaffeegeschäft.«"

Der Hauptschaden entstand in der Lotzbeckstraße. „Das in einem machtvoll gediegenen Stil vor wenigen Jahrzehnten erbaute Verwaltungsgebäude des Elektrizitätswerks Mittelbaden fiel dem Terror vollständig zum Opfer", berichtete Emil Baader. Nur das Portal sei unversehrt geblieben, drei Personen, die sich nicht rechtzeitig in den Keller retten konnten, wurden unter den Trümmern begraben. „Es entstand ein großer Schaden, kein Licht, keine Kraft in Lahr, viele Maschinen standen plötzlich still." In der Moltke- und der Werderstraße entstanden ebenfalls Schäden. In der Tramplerstraße war ein Riesentrichter mitten in der Straße, unmittelbar vor dem Metallwerk. Ein Kabel wurde durchschlagen, so daß Sulz für einige Zeit keinen Strom hatte. Die Wasserleitung wurde auch getroffen, so daß sich der Trichter gleich mit Wasser füllte. Insgesamt wurden 82 Wohngebäude beschädigt, an 196 Wohnungen entstanden Fensterschäden.

Am 8. Februar 1945 erfolgte der erste Großangriff auf die Lahrer Industrie. Neun zweimotorige Flugzeuge griffen die Lederfabrik Emil Waeldin an und warfen 30 Sprengbomben ab. Das Fabrikgebäude und vier Wohnhäuser wurden total zerstört, es gab 21 Tote und 19 Verletzte, 14 Personen wurden vermißt. „Noch nie haben wir das grauenvolle Gesicht des Krieges so unverhüllt gesehen, indes wir Aufzeichnungen machen, wird nach Verschütteten gegraben", notierte Emil Baader in seiner Chronik. Drei Tage später *erfolgte die freiwillige Evakuierung von Müttern und Kleinkindern nach Freudenstadt.*

Am 13. oder 14. Februar 1945 – über das Datum gibt es unterschiedliche Angaben – zerstörten Bomben die Buch- und Steindruckerei Robert Müllerleile. Gegen sieben Uhr fielen die ersten Brandbomben auf das Werk, etwa zur gleichen Zeit wurden nach Angaben von Emil Baader das E-Werk und das Gaswerk von Artilleriebeschuß getroffen. Insgesamt gaben die französischen Soldaten in jener Nacht etwa 100 Artillerieschüsse auf Dinglingen ab, das Schlachthaus, der Bahnhof und das E-Werk erhielten Treffer. Auch die Serre-Kaserne wurde am 14. Februar das erste Mal von Flugzeugen angegriffen. Drei Männer vom Volkssturm wurden dabei getötet, zwei Kasernengebäude leicht und eines schwer beschädigt.

Am 19. Februar warfen bei einem Großangriff 64 zwei- und viermotorige Bomber mindestens 250 Sprengbomben ab. Die Serre-Kaserne wurde total zerstört. 51 Zivilisten und 11 Wehrmachtsangehörige wurden getötet, 55 Menschen verletzt.

Am 22. Februar 1945 erfolgte der vierte Großangriff auf Lahr. Die Maßstabfabrik Albert Nestler brannte völlig aus, die Armaturenfabrik Carl Nestler und die Schreibzeugfabrik Richard Nestler wurden leicht, die Reichspost, das alte Spital und das alte Geschäftshaus Blaschka in der Marktstraße stark beschädigt.

Meißenheim

Führerlos dampfte das Bähnle ins Dorf

Vier tote Zivilisten, 160 total zerstörte und 323 mehr oder weniger stark beschädigte Häuser – das sind die auffälligsten Spuren, die der Zweite Weltkrieg in Meißenheim hinterlassen hat. Lange Zeit war das Ried von Kampfhandlungen verschont geblieben. Erst im Herbst 1944, als die Front nach der Invasion der Alliierten immer näher an den Rhein heranrückte, wurde die Region zur Hauptkampflinie, rückte das Dorf im wahrsten Sinne des Wortes in die Schußlinie.

Schon drei Jahre vor Kriegsbeginn herrschte in der Gemeinde, die in die sogenannte »rote Zone« einbezogen war, ein intensiver Baubetrieb. Zahlreiche Bunker des Westwalls wurden auf Meißenheimer Gemarkung errichtet. Im Sommer 1938 besetzten die Truppen der Wehrmacht die Verteidigungsanlagen. Die Dorfbewohner wurden immer wieder an die Anwesenheit des Militärs erinnert. Sie mußten sich beim Betreten und Verlassen der unmittelbaren Verteidigungszone ausweisen und selbst bei der Arbeit auf dem Feld einen Paß bei sich tragen.

Einen Monat vor Kriegsausbruch wurden Frauen und kleine Kinder sowie ältere Mitbürger evakuiert. Sie wurden nachts mit dem Auto ins Kinzigtal, in den Kreis Wolfach, gefahren und von dort nach Württemberg in die Kreise Balingen, Ebingen und Hechingen gebracht. Nach einigen Wochen verlegte man sie nach Bayern, in die Gegend von Augsburg, nach Emmenhausen. Da die befürchteten Kampfhandlungen am Rhein ausblieben, durften die Evakuierten zu Weihnachten 1939 wieder nach Hause zurückkehren.

Wenige Monate später mußten fast alle Dorfbewohner ihre Habe zusammenpacken und Meißenheim verlassen. Der Grund für die angeordnete Evakuierung war die Westoffensive der deutschen Wehrmacht. Fuhrwerke wurden mit der notwendigsten Habe beladen und straßenweise zusammengestellt. In den frühen Morgenstunden fuhren die Meißenheimer nach Ohlsbach. Einige waren auch in Gengenbach und den Ortsteilen Reichenbach und Haigerach untergebracht. Nur wenige Männer blieben zur Bewachung des Dorfes zurück. Bei der Annektierung des Elsasses kam es jedoch nicht zu Kampfhandlungen rechts des Rheines. Nach zehn Tagen durften die Meißenheimer wieder in ihr unversehrt gebliebenes Dorf zurückkehren.

Nach der Invasion in der Normandie am 6. Juni 1944 drangen die Alliierten immer weiter nach Osten vor. Im Herbst 1944 wurden in der Region am Rhein Vorkehrungen getroffen, um diesen Vormarsch aufzuhalten. In Meißenheim wurden im Dorf und im Rheinfeld Schanzgräben angelegt. Im Rheinwald wurden Stege und Notbrücken gebaut. Säle und öffentliche Gebäude wurden von Nachrichteneinheiten belegt.

Am 9. September 1944 kam es zu einem schrecklichen Zwischenfall. Die Kleinbahn, die von Lahr nach Kehl fuhr, »Bähnle« oder »Entenköpfer« genannt, wurde zwischen Ottenheim und Meißenheim von Jabos beschossen. Herbert Reith, Jahrgang 1924, der wegen einer Kriegsverletzung seit 1943 zu Hause war, erinnert sich: „Das Bähnle war vollbesetzt mit Zivilisten. Unter den Fahrgästen waren nur wenige Soldaten. Die Bahn fuhr führerlos ins Dorf ein, der Lokführer war tot. Schließlich blieb die Lok stehen. Frauen und Kinder schrien, alles war ein einziges Blutbad. Die Verletzten wurden ins Rathaus gebracht. Es sah schlimmer aus, als in einem Feldlazarett. Die Schwerverletzten brachte man ins Lahrer Krankenhaus, vielen konnte jedoch nicht mehr geholfen werden."

Nach der Besetzung des Elsaß durch die französischen Truppen bedrohte Artilleriebeschuß das Leben der Menschen. Hauptziel war die Kirche, in der sich eine Artilllerie-Beobachtungsstelle der Wehrmacht befand. Die Häuser und die ganze Zivilbevölkerung gerieten dadurch in Gefahr. Viele Frauen und Kinder wurden in die Vorbergzone und in das Kinzigtal evakuiert. Einige Bewohner brachten ihre Habe in den Schwarzwald. Wer im Dorf blieb, richtete sich so gut es ging in den Kellern ein.

Im Februar 1945 lag das Dorf 16 Tage unter Artilleriebeschuß. Zuerst flogen Spreng-, dann Brandgranaten aus dem Elsaß herüber. Die wenigen Männer, die im Dorf zurückgeblieben waren, bekämpften die dadurch ausgelösten Brände unter schwierigen Umständen und in stetiger Lebensgefahr. Die Kirche erhielt sieben Volltreffer: drei im Turm, drei im Kirchenschiff und eine in der Außenmauer. Durch das beschädigte Dach drang der Regen ein, das Wasser bildete große Pfützen auf dem Fußboden. Die Deckengemälde der Kirche, die Stukkaturen und die ganze Inneneinrichtung waren durch die Feuchtigkeit sehr gefährdet.

Die alliierten Flugzeuge richteten ebenfalls große Schäden an. Jabos bedrohten die Menschen bei der Frühjahrsbestellung der Felder. Die Bomberverbände, deren Ziele die größeren Städte waren, überflogen meistens das Dorf, ohne Schaden anzurichten. Welche gewaltige Kraft ihre Ladung hatte, wurde aber auch einmal deutlich. Herbert Reith erinnert sich, daß ein amerikanisches Flugzeug, das vermutlich von der Flak in Offenburg beschossen wurde, einige Bomben über Meißenheim „ablud", um weiterfliegen zu können. Eine Bombe zerstörte das Ökonomiegebäude hinter dem Rathaus. In der darauffolgenden Nacht explodierte ein Blindgänger und hinterließ einen riesigen Bombentrichter. „Der Trichter war so groß, daß man das halbe Rathaus hätte hineinstellen können. Das Archiv des Rathauses wurde bis obenhin mit Dreck gefüllt und mußte mühsam wieder freigegraben werden", erzählt Reith, der zunächst 20 Jahre lang Ratsschreiber und von 1965 bis 1985 Bürgermeister von Meißenheim war.

Meißenheim

Nachdem die Kirche und die umliegenden Gebäude immer stärker unter Artilleriebeschuß gerieten, wurde die Dienststelle des Rathauses ins Oberdorf, ins Gasthaus Krone, verlegt. Aber auch hier schlugen immer mehr Granaten ein. So geriet einmal ein Bauernhof neben dem Gasthaus Krone durch eine Granate in Brand. Ein Bauer aus dem Unterdorf hatte dort seine Tiere untergebracht, weil er hoffte, daß sie hier sicherer wären. „Es gelang uns, die Pferde aus dem Stall zu treiben. Wir konnten sie aber nur mit Mühe davon abhalten, in den brennenden Stall zurückzukehren", erzählt Herbert Reith.

Am Sonntag, dem 15. April 1945, überqueren die französischen Truppen bei Straßburg den Rhein. Noch am selben Tag rückten sie von Ichenheim kommend in Meißenheim ein. Sie blieben einige Tage im Dorf, da sie südostwärts auf eine neue Widerstandslinie trafen. „Die Bevölkerung wurde dabei schwer heimgesucht, es wurde geplündert, geraubt und vergewaltigt", heißt es in einem späteren Bericht des Bürgermeisters Ernst Löffel. Alle Waffen und Rundfunkgeräte mußten eingesammelt werden. „Die sorgfältig eingesammelten Volksempfänger wurden dann wahllos auf einen Haufen geworfen und zerstört", erinnert sich Herbert Reith.

Nach dem Abrücken der Kampftruppen kamen immer wieder plündernde Zivilisten ins Dorf und stellten beim Bürgermeisteramt ihre Forderungen. Milch, Butter, Hühner und Hasen wurden angeblich für die französischen Truppen in Kork gebraucht. Es stellte sich jedoch heraus, daß diese Beschlagnahmungen nicht befohlen worden waren. Aber es war aber nicht einfach, die Plünderer abzuwehren. Der schwerkriegsversehrte Ratsschreiber wurde von Plünderern, die er auf das Unzulässige ihrer Handlungen hinwies, gepackt und mit seinem Fahrrad in den Mühlbach geworfen. Ein anderes Mal wurde er in einen Schweinestall gesperrt.

Erst mit Hilfe des Landratsamtes und des Kreiskommandanten der französischen Truppen in Lahr konnten viele unberechtigte Beschlagnahmungen »abgestellt« werden. Trotzdem kamen immer wieder truppenweise Soldaten, um zu plündern und um Gemüse oder sonstige Lieferungen zu erpressen.

Der Landwirt Johann Wohlschlegel, der seit dem 18. November 1944 stellvertretend für den erkrankten Bürgermeister Carl Reith die Gemeindegeschäfte versehen hatte, wurde von einer Streife aus französischen Soldaten, Zivilisten und Polen abgesetzt und in den Ortsarrest gebracht. Der 25jährige Landwirt Ernst Löffel erklärte sich am 6. Mai 1945 bereit, das Amt des Bürgermeisters zu übernehmen. Er wurde von Oberregierungsrat Eiermann aus Lahr, der einige Tage später selbst eingesperrt wurde, im Amt bestätigt. Löffels erste Amtshandlung war, seinen eingesperrten Vorgänger freizulassen. Beinahe hätte ihn dies die eigene Freiheit gekostet. Schon drei Tage später erschien die Streife, die Wohlschlegel inhaftiert hatte, um auch Löffel abzusetzen. Er ließ sich jedoch auch durch Schußwaffen nicht einschüchtern und schließlich zog die Streife wieder ab.

Etwa Mitte Mai ordnete der französische Kreiskommandant an, daß von den Bürgermeistern eine Liste der aus dem Kriege zurückgekehrten Wehrmachtsangehörigen zu führen sei und jeden Montag eine Meldung darüber beim Landratsamt in Lahr zur sofortigen Vorlage an die Kreiskommandantur zu erfolgen habe. Am 28. Mai kam ein französischer Offizier mit einer Gruppe von etwa zwölf mit Maschinenpistolen bewaffneten Soldaten auf das Rathaus und verlangte Einsicht in die Liste. Der Bürgermeister und der Ratsschreiber durften das Rathaus nicht mehr verlassen. Der Ortsdiener und der Feldhüter mußten die auf der Liste aufgeführten Männer einbestellen. Im Dienstzimmer des Bürgermeisters wurden sie einzeln verhört. Trotz heftigen Protestes des Bürgermeisters wurden zehn der Männer beim Verhör festgenommen, von Soldaten abgeführt und in einen vor dem Rathaus bereitstehenden Lastwagen in ein Gefangenenlager gebracht. Bei der Meldung des Vorfalls an den Landrat stellte sich heraus, daß die Verhaftung ohne Genehmigung erfolgt war. Die Festgenommenen mußten für eine in der Nähe liegende französische Einheit verschiedene Arbeiten leisten, insbesondere Lebensmittel sammeln. Französische Soldaten, die wiederholt mit den gefangenen Meißenheimern zum Requirieren kamen, wurden am 15. Juli 1945 von Bürgermeister Löffel angehalten und eingesperrt. Es gelang ihm, drei der gefangenen Meißenheimer freizubekommen.

Einige Zeit später fuhren einige Männer aus dem Dorf mit dem Traktor nach Biberach, um dort Lebensmittel gegen Bretter einzutauschen, die zum Abdecken der Häuser benötigt wurden. Französische Soldaten hielten den Wagen an. Weil die Insassen nicht über Passierscheine verfügten, wurden sie verhaftet. „Einige Männer sprangen rechtzeitig vom Wagen ab und versteckten sich in den umliegenden Häusern", erinnert sich Herbert Reith, der den Traktor fuhr. Bürgermeister Ernst Löffel und einige andere wurden eingesperrt. Er selbst entging der Verhaftung nur, weil er so tat, als würde er die Aufforderung, vom Traktor herabzusteigen, nicht verstehen. Abends wurden die Männer freigelassen und konnten nach Meißenheim zurück.

Als Bürgermeister Löffel im Herbst 1947 die Forderung eines französischen Offiziers, sofort 16 große Schweine zu liefern, als unerfüllbar bezeichnete und sich weigerte, der Lieferung nachzukommen, wurde er durch eine Note der Militärregierung vorläufig seines Amtes enthoben. Erst nach der Bürgermeisterwahl am 5. Dezember 1948 konnte Löffel seinen Dienst wieder antreten. In der Zwischenzeit hatte Jakob Velz seinen Dienst versehen.

Nonnenweier

Wenn der »Flieger langsam« jemanden erspähte, begann der Kanonendonner

Als Johann Haag Ende 1945 aus der Kriegsgefangenschaft nach Nonnenweier zurückkehrte, war er erstaunt über das, was ihm seine Nichte Marliese Tascher, geb. Kaltenbach, zu erzählen hatte. Sie und ihre Mutter hatten sich während des Krieges um seinen Bauernhof in der Rheingasse, der heutigen Rheinstraße, gekümmert. „Ihr habt vom Krieg mehr erlebt und zu spüren bekommen als die Soldaten", sagte er zu den beiden. In Nonnenweier hatten Bombenabwürfe und Artilleriebeschuß ihre Spuren hinterlassen: 164 Gebäude, darunter 29 Wohnhäuser, 123 landwirtschaftliche Anwesen, fünf Gebäude von Handel und Gewerbe, zwei Industriegebäude und fünf öffentliche Gebäude, dazu zählten die Kirche und das Rathaus, waren beschädigt worden.

Vorsorge gegen die Forderungen nach Entschädigung hatten die nationalsozialistischen Machthaber schon früh getroffen. Bereits am 4. September 1939, nur drei Tage nach Ausbruch des Zweiten Weltkrieges, waren Bogen mit dem Titel »Mein Hab und Gut« verteilt worden, in denen der gesamte Besitz und sein Wert erfaßt werden sollte. In dieser Erhebung mußte ein Landwirt beispielsweise die betriebseigene und die zugepachtete Fläche seines Anwesens angeben, die Anzahl der Stallungen, Scheunen, die Menge des Viehbestandes, aber auch totes Inventar wie Mähmaschinen, Pflüge, Fahrräder, Fässer, sogar Gabeln und Eimer wurden erwähnt. Auch der Wert des Haushaltes, beispielsweise Nachttischlampen, Puppen, Nähmaschinen, Einmachgläser und der Wein, der im Keller gelagert wurde, mußten aufgeführt werden.

Bereits kurz nach Kriegsausbruch wurden Frauen und Kinder sowie ältere Einwohner aus Nonnenweier evakuiert. Sie wurden zunächst nach Reichenbach gebracht und von dort in die Gegend von Balingen und

Ebingen. Später kamen sie in die Nähe von Günzburg. Da sich aber in Nonnenweier keine Kampfhandlungen ereigneten, durften sie zum Weihnachtsfest 1939 wieder nach Hause zurückkehren.

Auch das wertvolle Vieh war 1939 in Sicherheit gebracht worden. Die Zuchttiere wurden am Dinglinger Bahnhof verladen und mit dem Zug in den Schwarzwald transportiert. Marliese Tascher erinnert sich heute noch daran, daß die wertvollste Kuh ihres Onkels dem Bauern, bei dem sie während der Evakuierung untergestellt war, so gut gefiel, daß er sie nicht wieder hergeben wollte. Erst als ihr Onkel selbst in den Schwarzwald gefahren sei, und auf seinen Besitzanspruch gepocht habe, sei der Bauer bereit gewesen, die Kuh zurückzugeben.

Im Juni 1940 wurde die gesamte Bevölkerung evakuiert, weil bei der Westoffensive der deutschen Wehrmacht erneut Kampfhandlungen am Rhein befürchtet wurden. Die Nonnenweierer verluden ihre wichtigste Habe auf einen meist mit einer Plane überspannten Viehwagen und zogen nach Reichenbach und Seelbach. Nachdem die deutschen Truppen in Colmar am 15. und in Straßburg am 20. Juni einmarschiert waren, durften die Riedbewohner wieder in ihre Dörfer zurückkehren.

Durch den Bau des Westwalls und die Anlegung eines Schützengrabens waren den Nonnenweierer Landwirten bereits vor Kriegsausbruch Schäden entstanden, die im Juli 1940 in einer eidesstattlichen Erklärung angegeben werden mußten. Unter anderem waren Zuckerrüben und Kartoffeln beschädigt worden. Einbußen bei der Heuernte waren entstanden, weil das Heu wegen der Kampfhandlungen erst später gemäht werden konnte. In den folgenden drei Jahren blieb es in Nonnenweier glücklicherweise ruhig.

Von englischen Stützpunkten aus griff die amerikanische Luftwaffe ab 1942/43 deutsche Städte an. Je nachdem, wo ihr Ziel lag, passierten die Flugzeuge dabei das Ried. Am 27. Mai 1944 überflogen mehrere hundert amerikanische Flugzeuge von Westen her Nonnenweier. Der damalige Ratsschreiber Georg Karl hielt in einem Bericht fest, was sich dabei ereignete: „Zwei bis drei Kilometer westlich des Dorfes griffen deutsche Jagdflugzeuge in großer Höhe den Verband an. Nach einem kurzen Feuerstoß trudelte eine Maschine aus dem ersten oder mittleren Verband heraus und umflog in einem großen Bogen die Ortschaft. Das Flugzeug vom Typ B 17, auch »Flying Fortress« (»Fliegende Festung«) genannt, stand in Flammen und stürzte schließlich auf das letzte Nonnenweierer Haus, das in Richtung Kippenheimweiler gebaut worden war." Das Flugzeug und eine Scheune gingen in Flammen auf. „Eine Stunde später kamen deutsche Soldaten aus Lahr und sperrten das Gelände ab", erinnerte sich Ernst Fischer, ein Nachfolger von Georg Karl im Amt des Ratsschreibers.

Zwei amerikanische Besatzungsmitglieder verbrannten in dem Flugzeugwrack. Zwei weitere, die mit dem Fallschirm abgesprungen waren, kamen ebenfalls ums Leben. Ein Besatzungsmitglied landete mit seinem Fallschirm im Rhein. Er wurde von einem Wittenweierer Fischer aus den Fluten gerettet, gefangengenommen und später von Vertretern der Lahrer Militärbehörde abgeholt. Die Flugzeugtrümmer wurden von einem Bergungskommando des Fliegerhorstes Freiburg abtransportiert. Die Bürger, denen bei diesem Absturz ein Schaden entstanden war, stellten beim Lahrer Finanzamt einen Antrag auf Entschädigung in Höhe von 22 089 Reichsmark.

Nach der Invasion der Alliierten in der Normandie am 6. Juni 1944 rückte die Front von Westen her wieder näher an den Rhein. Ab Herbst stand das Dorf unter dem Artilleriebeschuß von französischen Truppen, die in der Zwischenzeit das Elsaß von der deutschen Besetzung befreit hatten. „Auf der französischen Seite beobachtete uns ein Flugzeug, das unser russischer Zwangsarbeiter Nicolaj Kurpil »Flieger langsam« nannte. Sobald die Besatzung des Flugzeuges jemanden erspäht hatte, begann ein Kanonendonner, oder wir wurden mit Granatgeschossen »eingeseift«, wie es im damaligen Jargon hieß", erzählt Marliese Tascher. Die 1928 geborene Offenburgerin hatte gemeinsam mit der Mutter die Wohnung in der Stadt verlassen, um sich um den »Hof Haag« ihres Onkels Johann Haag zu kümmern. Schon seit ihrer Kindheit hatte sie mit ihrer Mutter jede freie Minute in Nonnenweier verbracht, um dem Onkel bei der Bewirtschaftung des Bauernhofes zu helfen. Ihr Vater Johann Georg Kaltenbach arbeitete auch während des Krieges beim E-Werk in Offenburg, und wurde später zum Zoll nach Kehl abkommandiert.

„Jeden Tag schossen die Franzosen in das Dorf", erinnert sie sich an die Zeit vom Herbst 1944 bis zum Einmarsch der Besatzungsmacht. „Manchmal reagierte man gar nicht darauf und ging nicht in den schützenden Keller. Man verdrückte sich hinter der Hauswand, bückte sich hinter dem Misthaufen oder suchte Schutz hinter einem Baum. Von den Dächern flogen Ziegel und Granatsplitter herab. War man mit der Stallarbeit beschäftigt, dann schaute man nur einmal kurz heraus, ob nicht die eigene Scheune brannte oder etwas abbekommen hatte. Hatten die Brandgranaten einmal eingeschlagen, dann rettete man nur das Vieh und ließ das Gebäude abbrennen. Eine Feuerwehr oder ausreichende Hilfsmittel gab es nicht." Zum Teil wurde auch unter Gefahr für Leib und Leben versucht, mit einer Handfeuerspritze die Brände zu löschen.

Ein bevorzugtes Ziel des Artilleriebeschusses war die Kirche. Die Ursache dafür war ein deutscher Beobachtungsposten, der sich im Turm befand. „Die Soldaten verrieten ihren Standort auf dem Turm dadurch, daß sie nachts nicht vorsichtig mit dem Licht umgingen", erzählt Marliese Tascher. „Der Kirchturm hatte durch den Beschuß auf der westlichen Seite ein riesiges Loch, so daß man meinte, er würde bei der nächsten Druckwelle zusammenstürzen. Auch das Kirchendach war sehr schwer beschädigt."

Einige wenige Male brachten die Granaten keine Munition, sondern Papier über den Rhein. „Die Flugblätter besagten in deutscher Sprache, daß die deutsche Bevölkerung bei der Arbeit auf dem Feld weiße Kleider oder Kopftücher tragen solle, damit sie nicht beschossen werde", berichtet Marliese Tascher.

Auch wurde Nonnenweier mehrfach von Jagdbombern angegriffen. „Meistens kamen die Jabos abends von Erkundungsflügen zurück. Wenn sie etwas bemerkten, dann griffen sie mit Bomben und Bordwaffenbeschuß noch einmal an, ehe sie über den Rhein verschwanden", erinnert sie sich. Am 23. Januar 1945 wurden bei einem Jagdbomber-Angriff Bomben und Brandkanister im Hof des Diakonissenhauses abgeworfen. Dabei entstand Gebäude- und Brandschaden. Weitere Bomben wurden 400 Meter nördlich des Dorfes in Richtung Ottenheim und am jüdischen Friedhof abgeworfen.

Am 10. Januar 1945 wurde die Nonnenweierer Bevölkerung erneut ins Schuttertal evakuiert. Schon seit längerer Zeit hatten die Bewohner Planwagen mit dem Nötigsten bepackt und in den Scheunen bereitgestellt. „Um 22 Uhr brach der Treck in stockfinsterer Nacht auf", erinnert sich Marliese Tascher. „In Langenwinkel wurde der Troß erstmals mit Granaten beschossen. Als wir in Lahr zum Hirschplatz kamen, sahen wir dort frische Granattrichter. Der Treck zog sich immer mehr auseinander, weil die Fuhrwerke, die von Kühen gezogen waren, viel langsamer waren als die Pferdefuhrwerke. Als wir in Seelbach ankamen, dämmerte es bereits. Einige zogen auch weiter nach Wittelbach oder Dörlinbach. Es war ja nichts organisiert, jeder mußte selbst dafür sorgen, daß er bei Verwandten oder Bekannten unterkam." Nur wenige waren zur Versorgung des Viehs und Bewachung des Dorfes in Nonnenweier zurückgeblieben (siehe auch Seite 96 „Bei dir daheim brennt es!").

Am 15. April 1945 überquerten die französischen Truppen bei Straßburg den Rhein. Entlang des Flusses drangen sie bis Allmannsweier vor. Da am Schutterentlastungskanal sämtliche Brücken von der deutschen Wehrmacht gesprengt waren, kamen die Franzosen nicht weiter. Sie beschossen Nonnenweier vom Kanal aus. Am Rathaus entstanden Splitterschäden. Panzergranaten beschädigten den südlichen Teil des Gebäudes schwer, zerstörten eine Mauer des Kirchturms und trafen auch das Kirchendach. In der Kirche lagen die Splitter herum.

Marliese Tascher erinnert sich an die Kämpfe: „Die französischen Panzer beschossen, hinter dem Kanal stehend, das Dorf, das von Soldaten der Waffen-SS, die in den Bunkern stationiert waren, und von Volkssturmmännern, die sich in den Schützengräben rund um das Dorf verschanzt hatten, erbittert verteidigt wurde. Die Soldaten mußten sich ins Dorf zurückziehen und begannen eine regelrechte Häuserschlacht. Sie versteckten sich in unserer Scheune, die Franzosen standen hinter dem Nachbarhaus. Mein Onkel Johann Heinrich Kaltenbach beobachtete dies vom Wohnzimmerfenster aus hinter einem verschlossenen Laden. Bei unserem Haus wurden die Fenster durchschossen, eine Salve ruinierte den Küchenschrank. Wir Mädchen – eine Nachbarin hatte bei uns Zuflucht gesucht – versteckten uns im Keller. Die Fenster waren von außen mit Mist verdeckt worden.

Nach einer Weile entfernten sich die Soldaten wieder. Georg Schiff, der oben in der Mühle war, rief: ‚Die Franzosen sind auf die Panzer gestiegen und weggefahren.' Wir begaben uns vorsichtig auf den Hof und schließlich auf die Straße. Da brachten die deutschen Soldaten auf einem Leiterwägelchen einen stark blutenden Verwundeten auf den Hof. Wir schickten sie in das Evangelische Diakonissenhaus, in dem ein Lazarett untergebracht war. Kurz darauf rannte ein Volkssturmmann wie ein Irrer auf uns zu. Er hatte einen Schock erlitten, weil ihn die Franzosen bis in eine Wagnerei verfolgt hatten und er sich gerade noch in den Sägespänen in Sicherheit bringen konnte. Er sah sehr gespenstisch aus: irrer Blick, zerzaustes Haar, die Uniform mit Sägespänen »paniert«. Und er redete lauter irres Zeug, heulte, schrie und lachte. Nachdem er sich beruhigt hatte, gaben wir ihm Rühreier mit Speck, frischem Brot und Apfelwein. Er war schier unersättlich, wollte aber nicht bei uns bleiben, sondern mit seinen Kameraden weiterziehen. Wir haben nie wieder etwas von ihm gehört."

Marliese Tascher ist auch ein anderes Erlebnis aus diesen Tagen in Erinnerung geblieben: „Ich lief auf die Wiese hinter dem Haus, um Grünfutter für die Tiere zu mähen. Dabei fand ich einen Toten, der zum Volkssturm gehört hatte und bei den Kämpfen mit den französchen Soldaten ums Leben gekommen war. Auch von anderen Dorfbewohnern wurden tote Soldaten aufgefunden. Tornister, Teppiche und Gewehre lagen überall verstreut."

Im Wehrmachtsbericht wurden „schwere Kämpfe westlich von Lahr" erwähnt.

Der spätere Bürgermeister Leppert hielt in den 60er Jahren in einem Bericht fest: „Am 18. April drangen Marokkaner, die zu den französischen Truppen gehörten, von Allmannsweier her im Dorf ein. Die Panzersperre am Ortsausgang in Richtung Kippenheimweiler war von den wenigen zurückgebliebenen Einwohnern geöffnet worden, obwohl ein Volkssturmmann vergeblich weiteren Widerstand hatte erzwingen wollen."

Von Nonnenweier aus waren die französischen Truppen in Richtung Dinglingen weitergezogen. Erst am 20. April 1945 kamen sie wieder. Ein Jeep mit vier französischen Militärangehörigen fuhr ins Dorf ein. „Wir wußten nicht, ob wir nun deutsch oder französisch waren", erzählt Marliese Tascher. Die Soldaten riefen einige Männer ins Rathaus und gaben bekannt, daß nun ein Ausgehverbot herrsche und Waffen sowie Radiogeräte abgeliefert werden müßten. Ganze Einheiten der Besatzungsmacht zogen jedoch nicht mehr in Nonnenweier ein.

Zum Alltag gehörten nun die Beschlagnahmungen von Vieh und Lebensmitteln. „Jeden Freitag kamen Soldaten zu uns und wollten Eier, Butter und Speck. Ein Nonnenweierer Bürger hatte denunziert, daß das auf dem Haag-Hof zu finden sei. Mit Maschinengewehren schossen die Soldaten in die Hühnerherde und nahmen mit, was liegenblieb. Die besten Schweine hatten wir unter einem Heuhaufen und sogar in einer Kammer des Hauses versteckt, um zu verhindern, daß sie requiriert wurden", berichtet Marliese Tascher. „Einmal kam ein französischer Leutnant auf den Hof. Er wollte unsere Pferde beschlagnahmen, um zu fliehen. Als mein Onkel sich weigerte, die Pferde herzugeben, wollte er ihn erschießen. Ich stellte mich voller Angst zwischen die beiden und der Soldat ging schließlich ärgerlich fort."

Am 1. Mai 1945 kehrten diejenigen, die im Schuttertal evakuiert gewesen waren, in ihr Heimatdorf zurück. Viele gebürtige Nonnenweierer, die während des Krieges in den Großstädten des Ruhrgebietes Arbeit gesucht hatten, kamen kurz nach Kriegsende zurück, weil sie im Ruhrgebiet ausgebombt waren. Zu den insgesamt rund 60 Personen, die zurückkehrten, zählten auch Nonnenweierer, die Güter in Ostpreußen bewirtschaftet hatten und die von den russischen Truppen vertrieben worden waren. Am 20. Januar 1946 wurde in einem Erlaß des Landratsamtes bestimmt, daß für diese Ostflüchtlinge »alle verfügbaren Quartiere« bereitgestellt werden müßten.

Im Dezember 1945 erhielt die Gemeinde Nonnenweier vom Landsratsamt 8000 Reichsmark zur Verteilung an die Kriegsbeschädigten. Aus einer Aufstellung vom 24. Juni 1946 geht hervor, daß bis zu diesem Zeitpunkt die Nonnenweierer Bürger Vieh im Wert von 150 280 Reichsmark an die Besatzungstruppen abgeliefert hatten. Die Beschlagnahmungen dauerten bis 1947 an.

Bei dir daheim brennt es!

Am 10. Januar 1945 wurden die Nonnenweierer nachts in die Gemeinden des Schuttertales, bis hin nach Dörlinbach, evakuiert. Ende März kehrte die damals 16jährige Marliese Kaltenbach, mit einer Zuchtstute und einem zwei Wochen alten Fohlen aus Seelbach nach Nonnenweier zurück, weil das Pferd dringend zur Aussaat gebraucht wurde. Sie ging danach nicht ins Schuttertal zurück, da sie bei den landwirtschaftlichen Arbeiten mithelfen mußte.

„Mit ungefähr 20 Personen versorgten wir das im Dorf zurückgelassene Vieh", erzählt sie. Es bildeten sich Gruppen von vier bis sechs Personen – meistens ältere Männer, die nicht mehr zur Wehrmacht einberufen worden waren, aber vom Ersten Weltkrieg viel Erfahrung mitbrachten. Mein Onkel, zwei Nachbarn, unser russischer Zwangsarbeiter Nikolaj, meine Mutter und ich versorgten das Vieh von sechs Gehöften. Den ganzen Tag waren wir mit dem Richten des Futters, Tränken und Ausmisten beschäftigt. Nachts verschanzten wir uns in von Mist meterhoch umgebenen Kellern. Der Mist sollte bei einem Einschlag den Granaten die Wucht nehmen."

Zweimal die Woche fuhr jemand aus dem Dorf mit dem Fahrrad entlang des Kanaldammes nach Seelbach und brachte den Evakuierten Butter und Eier. Der Fahrradfahrer mußte sich dabei vor dem feindlichen Beschuß in acht nehmen.

Am 14. April 1945, einen Tag bevor die französischen Truppen von Straßburg aus über Kehl ins Ried vordrangen, fuhr Marliese Tascher mit einem Gespann und dem Zwangsarbeiter Nikolaj in das Gewann Mühlenwinkel zwischen Nonnenweier und Wittenweier, um Zuckerrüben zu holen. „Wir vermuteten, daß die Franzosen bald einmarschieren würden, und wollten genug Vorräte zur Verfügung haben, falls wir eine Zeitlang das Haus nicht mehr verlassen könnten", erzählt sie. „Während wir mit dem Aufladen der Zuckerrüben beschäftigt waren, flog plötzlich ein ganzes Geschwader von Jagdbombern über uns hinweg in Richtung französische Grenze. Dann kehrten die Flugzeuge jedoch um." Marliese Tascher vermutet, daß die Besatzungen deutsche Soldaten und Mitglieder des Volkssturmes gesehen hatten. Die Flugzeuge griffen nun im Sturzflug das Dorf an. Dann flogen sie über den Rhein hinweg in Richtung Front, kehrten aber erneut um und beschossen das Dorf noch einmal.

„Es sah aus, als würde das ganze Dorf brennen. Tatsächlich waren aber nur acht bis zehn Ökonomiegebäude getroffen worden. Die Flugzeuge hatten Sirenen an Bord, die aufheulten und einen fürchterlichen Lärm verursachten", erinnert sich Marliese Tascher. Dieser Lärm trieb nicht nur die Menschen an die Grenze des Wahnsinns, er versetzte auch Tiere in Angst und Schrecken. Liesel, das Pferd von ihr, geriet in Panik und ging mit dem Wagen durch. „Ein Pferd war damals ungeheuer wichtig und wertvoll. Ich rannte deshalb, ohne zu überlegen, hinter dem Fuhrwerk her in Richtung Wittenweier. Nikolaj war in einem Graben in Deckung gegangen." Eine Flugzeugbesatzung hatte inzwischen das Fahrzeug entdeckt und durchlöcherte den Wagen mit Geschossen. Marliese Tascher war über die Felder gelaufen und hatte dem Gefährt den Weg abgeschnitten. Es gelang ihr, das völlig verängstigte Tier aufzuhalten. Da die Jagd-

bomber immer noch schossen, suchte sie mit dem Pferd Schutz unter einigen Birnbäumen. „Zitternd stand ich zwischen den Bäumen. Plötzlich bemerkte ich, daß meine Hand, die ich um den Hals des Pferdes gelegt hatte, feucht wurde. Es war Blut. Liesel war am Mähnenkamm getroffen worden."

Schließlich verschwanden die Flugzeuge und das Mädchen ging mit dem Gespann zurück ins Dorf. „Alles war voller Rauch und Qualm, man konnte die Häuser nicht mehr sehen", erinnert sie sich. Sie traf ihren Onkel am Eingang des Dorfes vor einer brennenden Scheune. „Wo bist du nur gewesen?" fragte er. „Bei dir daheim brennt es!" So schnell die 16jährige konnte, rannte sie in die Rheingasse. Der Haag-Hof ihres Onkels Johann Haag, in dem sie während des Krieges wohnte, und die dazugehörigen Stallungen waren verschont geblieben. Allerdings brannte eine Scheune, die 100 Meter entfernt lag. „Ich war selig, daß bei uns nichts passiert war."

In diesem Augenblick fuhr ihre Mutter mit dem Fahrrad auf den Hof. Sie war von Seelbach entlang des Kanaldammes nach Nonnenweier gefahren und hatte den Angriff hilflos beobachtet. „Ich wollte meiner Mutter erzählen, was passiert war, aber ich zitterte, die Zähne schlugen mir aufeinander und die Tränen liefen mir die Wangen herunter", erinnert sich Marliese Tascher an den Schock.

Das Pferd Liesel wurde 1947 von den französischen Besatzungstruppen requiriert.

Ottenheim

Die Hilfe bei Löscharbeiten kostete vier Menschen das Leben

„Ottenheim war als Rheinübergang für Deutsche und Franzosen von besonderer Bedeutung, deshalb wurde hier so hart gekämpft", meint Hans Reitter, Jahrgang 1922, heute rückblickend. Er war im Zweiten Weltkrieg zunächst als Soldat bei der Wehrmacht, ab Ende 1944 aber wegen einer Kriegsverletzung zu Hause und erlebte so mit, wie sein Heimatdorf Ottenheim unter Artilleriebeschuß, Bombenabwürfen und Bordwaffenbeschuß zu leiden hatte. 24 Anwesen wurden in Ottenheim durch Kriegseinwirkung vollständig zerstört, 25 schwer und 123 leicht beschädigt. Zu den vollständig zerstörten Bauten zählte auch die aus dem Jahr 1508 stammende Pfarrkirche.

Am 3. September 1939, zwei Tage nach dem Angriff der deutschen Wehrmacht auf Polen, erklärten Frankreich und Großbritannien dem Deutschen Reich den Krieg. Frauen und Kinder sowie ältere Leute wurden daraufhin aus den Riedgemeinden evakuiert, da Kampfhandlungen entlang des Rheines befürchtet wurden. Die Ottenheimer kamen nach Württemberg, nach Balingen und Ebingen. Nachdem sie sich dort einige Wochen aufgehalten hatten, wurden sie nach Bayern in den Kreis Dingelscherben transportiert. Kurz vor Weihnachten 1939 durften sie wieder in ihre Heimatgemeinde zurückkehren. Dort war es in diesen Wochen ruhig geblieben.

Das änderte sich im Mai 1940 mit der Westoffensive der deutschen Wehrmacht. Am 15./16. Mai schlugen in Ottenheim die ersten Granaten ein, die aus dem Elsaß herübergeschossen wurden. Der Beschuß dauerte fast ohne Unterbrechung von 22 Uhr bis 5 Uhr. An 38 Häusern entstand Schaden, verletzt wurde niemand. In den meisten benachbarten Gemeinden war zu diesem Zeitpunkt noch kein Schaden entstanden.

In den nächsten Wochen waren die Auseinandersetzungen im nur wenige Kilometer entfernten Elsaß noch nicht beendet. Am 9. Juni wurde die Total-Evakuierung von Ottenheim angeordnet. Die Einwohner, die nicht wußten, wie lange sie von zu Hause fort sein würden, konnten nur wenige Habe und einige Lebensmittel zusammenpacken und auf Wagen verladen, die von Kühen oder Pferden gezogen wurden. Anneliese Kronen, die 1923 geborene Schwester von Hans Reitter, erinnert sich: „Wir wurden nach genau eingeteilten Listen zum Teil nach Berghaupten und zum Teil nach Diersburg verwiesen. Das Ganze war recht gut organisiert, jeder bekam sein Plätzchen." Die Gastgeber mußten oft eng zusammenrücken, um die Riedbewohner, die ja auch einen Teil ihres Viehs mitgebracht hatten, unterzubringen. Rund ein Dutzend Männer blieb in Ottenheim zur Bewachung des Dorfes und zur Fütterung des zurückgebliebenen Viehs. Anneliese Kronen erinnert sich, daß diese Männer auf dem Bauernhof ihres Vaters Ernst Reitter blieben, „da wir einen gut ausgebauten Gewölbekeller hatten, wo man bei Artilleriebeschuß oder Bombenabwürfen gut Deckung fand".

Nachdem die deutschen Truppen am 15. Juni bei Colmar und am 20. Juni bei Straßburg den Rhein überquert hatten, konnten die Ottenheimer am 21. Juni nach Hause zurückkehren. Während die ebenfalls evakuierten Bewohner der benachbarten Gemeinden bei ihrer Rückkehr alles unverändert vorfanden, war in Ottenheim erneut Schaden durch Artilleriebeschuß zu verzeichnen: Einige Häuser waren schwer, andere leicht beschädigt. Auch Kirche, Schule und Rathaus hatten Treffer erhalten. Die Menschen begannen sofort mit Instandsetzungsarbeiten. Baumaterial war zu diesem Zeitpunkt noch genügend vorhanden, so daß die Schäden bald behoben waren.

Erst Ende 1944, als die alliierten Truppen große Teile Frankreichs zurückerobert hatten und auch ins

Elsaß vorgedrungen waren, wurde es in dem Rieddorf, das jahrelang von Kampfhandlungen verschont geblieben war, unruhig. Professor Christian Sütterlin schrieb in seiner Chronik »Aus Ottenheims am Rhein vergangenen Tagen«: „Der Kriegslärm von jenseits des Rheines steigerte sich von Tag zu Tag. Zwei bis drei Tage lang, als die Front an die elsässischen Nachbarorte Erstein und Gerstheim herangerückt war, zitterten die Fensterscheiben der Häuser unablässig."

Am 2. Dezember 1944 mußten Frauen und Kinder erneut ihre Bündel packen. Sie fanden in Reichenbach, Schuttertal, Friesenheim, Oberschopfheim und Diersburg Unterkunft, ein Teil kam auch wieder in den »alten« Quartieren in Berghaupten unter. „Bei dieser Evakuierung herrschte ein gewaltiges Durcheinander. Von einer Organisation war nichts mehr zu spüren", erzählt Anneliese Kronen. „Die Menschen mußten sich zum Teil selber ihre Quartiere suchen und waren froh, bei Verwandten oder Bekannten unterzukommen."

Schon einen Tag nach der Evakuierung schlugen die ersten Nebelgranaten, die über den Rhein herübergeschossen wurden, am östlichen Dorfrand ein. Bis zum Einmarsch der Franzosen im April 1945 lag das Dorf nun fast täglich unter Artilleriebeschuß.

Anneliese Kronen kehrte Anfang Januar 1945 trotz der Gefahr mit drei Pferden durch Eis und Schnee in ihr Heimatdorf zurück, weil in dem Stall, in dem die wertvollen Tiere untergebracht waren, nicht genügend Futter vorhanden war. „Von Hofstetten aus wollte ich den Weg über den Schönberg nehmen, mußte aber umkehren, weil die Pferde und Wagen auf den ansteigenden, glatten Straßen immer wieder ausrutschten. Ich fand keinen Hufschmied, der Zeit hatte, meinen Pferden Stollen in die Hufeisen einzudrehen. Da habe ich Leintücher zerrissen und den Pferden um die Hufe gewickelt. Wir mußten einen großen Umweg nehmen. Zuerst über Offenburg und dann über Schutterzell und

Ichenheim nach Ottenheim. Wenn Jagdbomber auftauchten, wurden die Pferde und der Wagen zur Tarnung mit Leintüchern abgedeckt. Sie waren dann im Schnee nicht mehr leicht zu erkennen."

Die Rieddörfer waren auch durch die Angriffe von Jagdbombern bedroht, die nicht nur Bomben abwarfen, sondern auch aus Bordkanonen schossen. Anneliese Kronen erinnert sich: „Morgens in der Frühe flogen die Aufklärer über das Dorf. Dann wußten wir, daß gegen 11 Uhr wieder mit der Bombardierung begonnen werden würde."

Schlimmer als die Fliegerangriffe sei jedoch der Artilleriebeschuß gewesen, „weil man nicht wußte, wo die Granaten einschlagen würden. Oft rief jemand, der etwas gehört hatte: Abschuß! Dann warf man sich auf den Boden oder flüchtete in den nächstbesten Keller", erzählt Anneliese Kronen. „Meist wurde mit Brandgranaten geschossen, und wenn die französischen Soldaten merkten, daß es brannte, schossen sie mit Sprenggranaten in den Brandherd, so daß Löscharbeiten fast unmöglich waren." Am meisten gefürchtet waren bei der Bevölkerung die Phosphorgranaten, die sich nach dem Aufschlag durch den Sauerstoff entzündeten. Wenn eine solche Granate in ein landwirtschaftliches Anwesen einschlug, war es meist nicht mehr zu retten. Heu und Stroh brannten lichterloh.

Hauptziel des Artilleriebeschusses war die Pfarrkirche, in deren Turm sich ein Beobachtungsposten der Wehrmacht befand. Am 12. Februar 1945 brannten gegen Abend Kirche, Rathaus sowie einige nebenstehende Wohnhäuser und Ökonomiegebäude vollständig ab (siehe auch Seite 108 „Nur die Glocke überstand den Brand der Pfarrkirche fast unversehrt").

Solange die Rheinfähre in Betrieb war, erschienen täglich alliierte Flugzeuge in Ottenheim, warfen Bomben auf die Fähre oder schossen mit ihren Bordwaffen. Die Fähre war eingesetzt worden, nachdem die Pontonbrücke zerstört war. Sie stellte die Verbindung zur anderen Rheinseite her, indem sie zu den Überresten der Brücke fuhr, die noch auf Pontons im Wasser lagen. Mensch und Vieh konnten von der Fähre aus diese Reste der Brücke besteigen und so das linke Rheinufer erreichen.

Auch die Menschen, die zu Schanzarbeiten abkommandiert waren, mußten fürchten, von Flugzeugen angegriffen zu werden. Nach einem Angriff am 21. Februar, bei dem neun Flugzeuge 17 Bomben abwarfen, bot das Dorf ein Bild der Zerstörung. Sechs Menschen wurden bei diesem Angriff getötet.

Am Ostersonntag, dem 1. April, kostete die Hilfe bei Löscharbeiten vier Menschen das Leben. Zwischen 8 und 9 Uhr war das Dorf mit Phosphorgranaten beschossen worden. Drei Anwesen wurden ein Raub der Flammen. Am meisten gefährdet war das Anwesen von Marie Heimburger nahe dem Gasthaus Adler. Einige Mädchen und Männer versuchten, mit einer Handfeuerspritze das Feuer zu löschen. Unter ihnen war auch Hans Reitter. „Plötzlich schlug eine Granate nahe der Handfeuerspritze ein, zwei Mädchen und zwei Männer, die auf der einen Seite der Pumpe standen, wurden getötet", erinnert er sich. Reitter, der auf der anderen Seite stand, blieb unverletzt. Pfarrer Wilhelm Dörflinger aus Allmannsweier kam um 5 Uhr morgens nach Ottenheim, um die Toten zu bestatten. „Die Beerdigung fand zu dieser ungewöhnlichen Uhrzeit statt, weil es bei Tag fast niemand mehr wagte, nach draußen zu gehen", berichtet Anneliese Kronen. So seien nachts um drei Uhr Militärfahrzeuge gekommen, um bei ihrem Vater die Milch für das Lahrer Krankenhaus abzuholen.

Zur allgemeinen Überraschung verließen die in Ottenheim stationierten Wehrmachtssoldaten am Morgen des 15. April 1945 die Westwallbunker und zogen in östlicher Richtung davon. Die Soldaten hatten wahrscheinlich über Funk erfahren, was im Dorf niemand wissen konnte: An diesem Morgen hatte die 1. französische Armee bei Straßburg den Rhein überquert.

In Ottenheim verlief dieser Tag ruhig, erst am Abend hörte man den Lärm von Panzern und das Geknatter von Maschinengewehren. Hans Reitter erinnert sich: „Mein Vater, der französisch sprach, und der stellvertretende Bürgermeister Heinrich Benz gingen den französischen Truppen in Richtung Meißenheim mit einer weißen Fahne entgegen." Bei Einbruch der Dämmerung fuhren Panzerspähwagen in das Dorf ein. Die Kinderschule wurde von den Franzosen in Brand gesteckt, weil ein deutscher Soldat angeblich aus einem Fenster der Kinderschule heraus einen französischen Soldaten erschossen haben sollte.

Da die Truppen Schwierigkeiten hatten, weiter vorzudringen und den Schutterentlastungskanal zu überqueren, standen in Ottenheim die folgenden drei Tage im Zeichen der französischen Besatzung: Auf allen Straßen und Plätzen der Dorfmitte standen Panzerwagen und Fahrzeuge des Militärs, überall waren französische Soldaten. Jahre später schrieb Bürgermeister Alfred Fertig in einem Bericht an Landrat Dr. Georg Wimmer: „Während der drei Besatzungstage hatten unsere Frauen durch die Besatzung, die zum größten Teil aus Marokkanern bestand, viel zu leiden. Es ist dem damaligen Pfarrer Rudolf Kunz zu verdanken, daß nicht noch mehr Gewaltverbrechen vorgekommen sind. Plünderungen waren selbstverständlich. Die Wohnungen wurden in einem verheerenden Zustand zurückgelassen. Nach den Tagen der Besetzung waren die Plünderungen und Leiden noch keineswegs vorüber. Aus Straßburg kamen immer wieder uniformierte Franzosen auf Lastkraftwagen, umstellten Wohnhäuser und Gehöfte und holten aus Keller, Speicher und Stall was ihnen paßte. Dagegen wehren konnte man sich nicht. Nachdem ein französischer Gendarmerieposten eingerichtet worden war, hörten die Plünderungen auf."

Am 18. April 1945 gelang den französischen Streitkräften bei Dinglingen der Durchbruch nach Lahr. Ottenheim war nun, abgesehen von kurzfristigen Einquartierungen der Truppen, frei von Besatzung. Die Militärregierung ordnete die Neubesetzung der Bürgermeister- und Ratsschreiberstelle an. Elf Männer, darunter der bisherige Bürgermeister, wurden für einige Zeit eingesperrt.

Nur die Glocke überstand den Brand der Pfarrkirche fast unversehrt

Ab Dezember 1944 bis zum Einmarsch der französischen Truppen am 15. April 1945 lag Ottenheim fast täglich unter Artilleriebeschuß. Am 12. Februar 1945 wurden auf einen Schlag die Pfarrkirche, das Rathaus, ein Wohnhaus und ein Ökonomiegebäude ein Raub der Flammen. Zwei Tage nach dem schrecklichen Ereignis sandte der katholische Pfarrer Rudolf Kunz einen minutiösen Bericht über die Zerstörung an den Freiburger Erzbischof Dr. Konrad Groeber.

Die Pfarrkirche war im Jahre 1508 an den wohl noch älteren Wehrturm angebaut worden. Bereits 1942 wurden die Glocken der Simultankirche, die große Gallusglocke aus dem Jahr 1777, die Susannaglocke von 1750 und die kleinere Glocke aus dem Jahr 1934 von der Wehrmacht beschlagnahmt. Nur die älteste Glocke aus dem Jahr 1729 blieb den Ottenheimern erhalten.

Pfarrer Kunz schrieb über den Artilleriebeobachtungsposten, der im November 1944 in die Kirche einzog: „Es waren unauffällige Gäste, die den Kirchturm bestiegen, weil es eben von ihnen verlangt wurde." Ende Januar 1945, als bereits täglich vom Elsaß mit Granaten über den Rhein geschossen wurde, kam die Ablösung. „Die neue Truppe war siegesbewußt, unzugänglich für ein warnendes oder bittendes

Wort", notierte der Pfarrer. „Sie entfernten an den Ausgucktürmchen des Turmhelms die Laden, und streckten am hellen Tag ihre Köpfe heraus. Auf Warnungen antworteten sie nur: Das sieht man nicht!"

Die Antwort aus dem Elsaß kam wenige Tage später. Am 11. Februar wurde der Turm ins Kreuzfeuer genommen und erhielt neue Treffer. Der 50 Meter hohe Turm, dessen 25 Meter hohe Spitze aus Eichenholz gebaut war, hatte schon im Jahr 1940 Treffer erhalten.

Am nächsten Tag, dem 12. Februar, wurde um 14 Uhr für eine halbe Stunde herübergeschossen, um 16 Uhr begann ohne Unterbrechung erneut der Beschuß. Pfarrer Kunz hatte in der Zwischenzeit einiges aus der Sakristei retten können.

Die Granaten setzten zwei Anwesen südlich des Rathauses und schließlich das Rathaus selbst in Brand, bis es in Schutt und Asche versank. Gegen 17.30 Uhr wurde der Turmhelm der Pfarrkirche in mittlerer Höhe von einer Brandgranate getroffen. Der Brand wurde von einem mäßigen Südwestwind gefördert. Bald wurde der Turm an der selben Stelle erneut getroffen. „Wir Zuschauer wußten, daß der Turm rettungslos verloren ist und spürten, daß seine Vernichtung uns Erlösung bedeutete", berichtete Pfarrer Kunz. „Um 18 Uhr war in den Rauchschwaden der Anbruch der Dunkelheit nicht mehr feststellbar. Der Turm stand als lodernde Fackel am Himmel. Der Beschuß hörte nun auf, um 18.33 Uhr stürzte die obere Hälfte des Turmes nach Südwesten in die Tiefe, um 18.50 Uhr sank der Unterbau des Turmhelmes in das Turmgebäude ein. Ein Teil des Gebälks stürzte in die Kirche, die nun ebenfalls zu brennen begann. Niemand hatte den Gedanken zu löschen. Die Motorspritze des Dorfes konnte nicht eingesetzt werden."

Anneliese Kronen, die damals 21 Jahre alt war, erlebte den Brand auf dem Hof ihres Vaters mit. „Wir mußten erschüttert und tatenlos zusehen, wie zuerst der Turm und dann die Kirche brannte. Löscharbeiten waren unmöglich, weil dauernd herübergeschossen wurde."

Als das vordere Drittel der Kirche schon niedergebrannt war, ließ der Pfarrer die am Westgiebel der Kirche sichergestellten Altarbilder entfernen. Am Pfarrhaus wurde eine Brandwache aufgestellt, weil der Funkenregen nordwärts über das Pfarrhaus hinweg zunahm. Pfarrer Kunz vermerkte, daß das Ausbreiten des Brandes wohl nur dadurch verhindert worden sei, daß es am Tag zuvor stark geregnet hatte.

Zu später Stunde stürzte die Glocke mit dem eisernen Glockenstuhl in die Tiefe. Sie wurde unversehrt gefunden und hatte nur den Klöppel verloren. Das Gewölbe über dem Chorraum hielt stand.

Gegen ein Uhr nachts war der Brand soweit zu Ende, daß sich Pfarrer Kunz „müde zur Erde legte". Weiter schrieb er an den Erzbischof: „Die zerstreuten Pfarrangehörigen sind von der Hoffnung erfüllt, nach Kriegsende ein bescheidenes katholisches Kirchlein erstellen zu können. Zugleich hoffen wir, daß an der Trümmerstätte aller Kirchenstreit der letzten Jahrzehnte begraben sei."

Wittenweier

Eine Hochzeitsgesellschaft mußte 1945 zum Löschen ausrücken

„Von allen Dörfern zwischen Breisach und Kehl liegt keines so nahe am Rheinufer wie Wittenweier. Von der Kirche bis zum französischen Ufer sind es nur 800 Meter." Dies stellt Otto Lässle, Jahrgang 1918, fest, der den Zweiten Weltkrieg in seiner Heimatgemeinde miterlebt hat. In dem Krieg, der aus den Nachbarn Feinde machte, war diese Nähe sehr gefährlich: Durch den Artillerie- und Bordwaffenbeschuß sowie Bombenabwürfe wurden vier Anwesen zerstört, 37 schwer und 23 leicht beschädigt. Die Schäden in der 500 Einwohner zählenden Gemeinde waren dennoch geringer als in dem nur wenige Kilometer entfernten Nachbarort Kappel, in dem nur zwei Häuser unbeschädigt geblieben waren.

Schon kurz nach Kriegsausbruch wurden im September 1939 Frauen und Kinder sowie ältere Bürger auch aus Wittenweier evakuiert. Sie wurden in sichere Entfernung von der Grenze gebracht, nach Württemberg, in die Gegend von Balingen und Tailfingen. Nach einigen Wochen durften sie zum Weihnachtsfest wieder in ihre Heimatgemeinde zurückkehren. Dort war alles unbeschädigt geblieben und sollte es auch noch einige Jahre bleiben.

Im Mai 1940, bei der Westoffensive der deutschen Wehrmacht, wurde das ganze Dorf wie alle Riedgemeinden vorsorglich ein zweites Mal evakuiert. In einem langen Treck zogen die hoch beladenen Viehwagen nach Kuhbach. Fünf Wochen, nachdem die Annektierung des Elsaß vollzogen war, wurde den Wittenweierern die Rückkehr erlaubt.

Nach der Invasion der Alliierten am 6. Juni 1944 in der Normandie griffen englische und amerikanische Flugzeuge vermehrt deutsche Ziele an. In Wittenweier wurden in diesem Jahr kurzerhand sechs deutsche Jagdflugzeuge vom Typ Messerschmidt ME 109 stationiert, die die alliierten Bomberverbände angreifen sollten, bevor sie ihre Ziele erreichten. Otto Lässle erinnert sich noch an diesen Notflugplatz: „In Grafenhausen und im Wittenweierer Wald wurden Schneisen gehauen, dort wurden die Flugzeuge hingestellt. Auf den »Spitzmatten«, bis zur Gemarkung von Grafenhausen, wurde ein Rollfeld improvisiert. In Wittenweier stand zu dieser Zeit ein Tanklöschzug mit 5000 Litern Wasser, der bei den Starts und Landungen der Jagdflugzeuge an das Rollfeld gefahren werden mußte."

Ende November 1944, als die französischen und amerikanischen Truppen bereits wieder ins Elsaß vorgedrungen waren, wurden die deutschen Flugzeuge in die Nähe von Donaueschingen verlegt. In Wittenweier wurden daraufhin die rund 15 Bunker des Westwalls wieder besetzt. Der Befehlsbunker stand im Pfarrgarten. „Auch die Flak wurde nach dem Abzug der Flugzeuge in Wittenweier stationiert", erzählt Otto Lässle. Die Flak beschoß die alliierten Flugzeuge, die ihrerseits vermehrt schossen und versuchten, die Flak zu zerstören. „Von da an wagte man sich nicht mehr hinaus. Die Landwirte konnten die Felder nicht mehr bestellen."

Ab Januar 1945 kam zu der Gefahr aus der Luft der Artilleriebeschuß aus dem Elsaß. „Im Dorf schlugen aber nur wenige Granaten ein, die meisten gingen in der Umgebung nieder", berichtet Otto Lässle.

Am 11. Januar 1945 warfen die Flugzeuge Brandbomben über Wittenweier ab. Die Anwesen Sensenbrenner und Roggenbach gerieten in Brand. „Die Motorspritze der Feuerwehr funktionierte nicht, weil durch die klirrende Kälte alles eingefroren war", erzählt Lässle, der damals Kommandant der Wittenweierer Feuerwehr war und heute ihr Ehrenkommandant ist. Der Bürgermeister habe verzweifelt die umliegenden Gemeinden angerufen. Aber auch dort seien die

Motorspritzen eingefroren gewesen. Nur die Motorspritze der Orschweierer Wehr sei funktionstüchtig gewesen, „bis sie jedoch zu den brennenden Häusern gelangt war, gab es nicht mehr viel zu löschen". Zwei über 70jährige fanden in den Flammen den Tod. Sie wurden am nächsten Morgen in aller Frühe beerdigt.

Im März wurden die Scheune und der Stall von Wilhelm Meier durch Artilleriebeschuß in Brand gesetzt. Die Flammen konnten jedoch gelöscht werden. Mitte März schlugen erneut Granaten in Wittenweier ein. Die Anwesen von Luise Heitz, Ida Roll, Wilhelm Kopf und Schuhmacher Feigenbaum wurden in Brand gesetzt. „Wir löschten, was wir konnten", erinnert sich Otto Lässle. Von den 520 Einwohnern seien in jener Zeit nur noch zwischen 15 und 20 im Dorf gewesen. Am 2. Dezember 1944 war praktisch das ganze Dorf ins Schuttertal evakuiert worden. Diejenigen, die zurückgeblieben waren, übernachteten in den gut ausgebauten Kellern des Kindergartens, des Rathauses und der Fabrik.

Die Braut von Otto Lässle, Elfriede Heitz, war längere Zeit als Rot-Kreuz-Schwester in Berlin eingesetzt gewesen. Im April 1945 kehrte sie nach Wittenweier zurück. „Wir wollten heiraten, verschoben aber die Hochzeit, weil fast das ganze Dorf evakuiert war", erzählt Otto Lässle. Als das Brautpaar hörte, daß die französischen Truppen herannahten, änderte es seinen Entschluß: „Wir wollten nun doch heiraten, weil wir befürchteten, daß die französischen Soldaten mich gefangennehmen würden. Meine Frau wäre dann alleine gewesen." Die Trauung sollte am 14. April um 16 Uhr stattfinden. Otto Lässle erinnert sich noch genau an diesen Tag: „Alle Bürger, die in Wittenweier geblieben waren, stellten sich zum Hochzeitszug auf. Da griffen plötzlich die Jagdbomber das Dorf an. Auf der einen Straßenseite wurden vier Anwesen in Brand geschossen, auf der anderen drei. Die Hochzeitsgesellschaft mußte zum Löschen ausrücken. Nach Beendigung der Löscharbeiten wurde die Trauung erneut für 23 Uhr festgesetzt. Um 22 Uhr schoß jedoch die Artillerie Granaten ins Dorf, an Heiraten war wieder nicht zu denken. Nachts um 2 Uhr hat uns der Bürgermeister dann daheim in der Stube getraut. Der Ratsschreiber und zwei Zeugen waren mit dabei. Im Keller des Kindergartens haben wird dann bis zum frühen Morgen gefeiert."

An diesem Morgen überquerte die 1. französische Armee bei Straßburg den Rhein. „Am 17. April hieß es plötzlich: ‚Die Franzosen kommen!'", berichtet Otto Lässle. „Auf der Bühne hatten wir schon die weiße Fahne gerichtet. Da kam ein deutscher Soldat aus dem Befehlsbunker und holte alle Männer herbei. Er drohte, daß der erste, der die weiße Fahne zeigt, standrechtlich erschossen wird."

Die französischen Truppen kamen jedoch erst zwei Tage später in das Dorf. Die deutschen Truppen waren in der Nacht zuvor abgezogen. Das Knattern von Maschinengewehren kündigte um 15.30 Uhr das Kommen der Besatzungsmacht an. Ein Elsässer, der seit 1942 mit einer Wittenweiererin verheiratet war, ging seinen Landsleuten entgegen. Die Soldaten setzten ihn auf einen Jeep und fuhren mit ihm zum Rathaus. „Der französische Hauptmann erklärte, daß er noch nach Nonnenweier fahren werde und abends bei seiner Rückkehr zwei lebende Enten und zwei Schlafräume zur Verfügung gestellt haben wollte", erinnert sich Otto Lässle. Die Bürger erfüllten die Bedingungen und gaben auch, wie angeordnet, alle Gewehre ab. Sie übernachteten vorsichtshalber noch einmal im Keller.

„Als wir am nächsten Morgen um 6 Uhr aufstanden, waren die Franzosen fort", erzählt Otto Lässle. Drei Wochen lang sei kein französischer Militärangehöriger mehr in Wittenweier gesehen worden. Artillerie- und Fliegerbeschuß mußten nun nicht mehr gefürchtet werden. Frauen und Kinder kehrten aus dem Schuttertal in ihr Heimatdorf zurück. Die Arbeit auf dem Feld nahm man wieder auf. Die beschädigten Dächer deckten die Wittenweierer wie in den Jahrhunderten zuvor mit dem reichlich vorhandenen Schilf ein, um wenigstens die Heuernte trocken einfahren zu können.

Französische Soldaten waren auch in der nachfolgenden Zeit nicht in Wittenweier stationiert. Allerdings kamen regelmäßig Soldaten aus den umliegenden Ortschaften, um zu requirieren. „Die wichtigsten Unterlagen aus dem Rathaus sowie die Amtskette des Bürgermeisters hatten wir im Altar der Kirche versteckt", erinnert sich Otto Lässle. „Da schon seit Dezember 1944 wegen des Beschusses keine Gottesdienste mehr in der Kirche stattfanden, habe niemand das Versteck bemerkt. Auch zwei Radiogeräte waren im Altar verborgen worden.

Otto Lässle erinnert sich, daß der kommissarisch eingesetzte Bürgermeister Speer einmal eine Bedingung der Besatzungsmacht nicht erfüllte. Zur Strafe mußten daraufhin 15 Männer aus Wittenweier nach Mahlberg marschieren. Nur der schwerkriegsbeschädigte Bürgermeister durfte mit dem Fahrrad fahren. Über Nacht wurden die Männer in der Mahlberger Schule festgehalten. Am nächsen Morgen ließ man sie wieder frei und sie durften wieder nach Wittenweier zurücklaufen.

Bildnachweis

Folgende Personen und Institutionen haben freundlicherweise Fotos für dieses Buch zur Verfügung gestellt:

Titelbild: Zerstörtes Haus der Familie Henninger, Ichenheim, nach einem Fliegerangriff am 13. Februar 1945;
Familie Karl Ernst, Ichenheim
Seite 11: Evakuierung von Allmannsweier im Jahre 1940;
Familie Hans Ziegler, Allmannsweier
Seite 21: Getarnter Bunker aus dem Zweiten Weltkrieg;
Familie Rudolf Häs, Nonnenweier
Seite 31: Zerstörtes Haus nach einem Fliegerangriff im Zweiten Weltkrieg;
Familie Karl Ernst, Ichenheim
Seite 41: Rückkehr aus der Evakuierung nach Ichenheim im Jahre 1940;
Familie Herbert Stückler, Ichenheim
Seite 51: Die Kappeler Rheinbrücke vor ihrer Zerstörung;
Familie Franz Glück, Kappel
Seite 61: Zerstörte Häuser in Lahr; Stadtarchiv Lahr
Seite 81: Evakuierung von Meißenheim 1940;
Familie Georg Kleis, Meißenheim
Seite 89: Französischer Panzer in Nonnenweier während des Zweiten Weltkrieges;
Familie Rudolf Häs, Nonnenweier
Seite 101: Fuhrwerk, bepackt für die Evakuierung;
Familie Rudolf Häs, Nonnenweier
Seite 111: Weihnachten im Zweiten Weltkrieg in einem Bunker im Ried;
Familie Rudolf Häs, Nonnenweier

Namensregister

Baader, Emil 62–70, 72, 74, 76–79
Benz, Heinrich 107
Bickel, Josef 45
Biegert, Otto 35
Biegert, Theobald 27
Bläsi, Max 44
Bührle, Mathias 54
Burghardt, Artur 46
Dolch [Bürgermeister] 34
Dörflinger [Pfarrer] 16, 106
Eichrodt, Ludwig [Dichter] 67
Eiermann [Oberregierungsrat] 86
Fäßler, Heinrich [Dichter] 43
Feigenbaum [Schuhmacher] 114
Fink, Wilhelm 45
Finkbeiner, Agathe 55
Fischer, Ernst 92
Frey, Ernst 13
Fritsch, Ernst 22
Giedemann, Cyprian 54
Giedemann, Wilhelmine 54
Glück, Franz 53–57
Groeber, Dr., Konrad [Erzbischof] 108
Haag, Johann 90, 93, 100
Heimburger, Fritz 12–19
Heimburger, Marie 106
Heimburger, Walter 16
Heitz, Elfriede 114
Heitz, Luise 114
Henninger, Frieda 49
Hitler, Adolf 33, 43
Hund, Richard 55
Hurter, Jakob 36
Huser, Friedl 49
Kaltenbach, Johann Georg 93
Kaltenbach, Johann Heinrich 95
Karl, Georg 92
Kölble, Wilhelm 55
Kopf, Albert 33, 34
Kopf, Wilhelm 114
Kraft, Christian [Pfarrer] 48, 49
Kronen, Anneliese 103, 105, 109

Kunz, Rudolf [Pfarrer] 107–110
Kurpil, Nicolaj 93
Lässle, Otto 112–116
Lehmann, Hans 62, 69, 71–73, 75, 76
Lenssen, Dr. [Landrat] 38
Leppert [Bürgermeister] 96
Leser, Fritz 74
Löffel, Ernst [Bürgermeister] 85–87
Löffel, Maria 56
Löffel, Rosa 56
Meier, Wilhelm 114
Nierlin, Erwin 16
Rapp, Luise 39, 40
Reith, Carl 86
Reith, Friedrich 45
Reith, Herbert 83–85, 87
Reitter, Ernst 103
Reitter, Hans 102, 106, 107
Roll, Ida 114
Roth, Friedrich Johann 23, 24, 26–28
Roth, Heinrich 35
Roth, Max 45
Schnebel, Johann Daniel 45, 46
Schuler [Bürgermeister] 67
Speer [Bürgermeister] 116
Sturm, Joachim 62, 73, 74
Sütterlin, Christian [Professor] 7, 104
Tascher, Marliese, geb. Kaltenbach 90, 93–100
Tröscher [Pfarrer] 55
Velz, Jakob 87
Waeldin, Dr., Paul 74
Walter, Georg 16
Wieber, Markus 57
Wilhelm, Klärle 72
Wimmer, Dr., Georg [Landrat] 57, 107
Winter, Dr., Karl [Oberbürgermeister] 62
Wohlschlegel, Johann 86
Zimpfer, Mathias 27

Ortsregister

Achern 34
Allmannsweier 96, 106
Altdorf 56
Altenheim 28, 36
Augsburg 82
Bad Wörishofen 52
Balingen 24, 52, 82,102, 112
Berghaupten 104
Berlin 114
Biberach 13, 87
Breisach 65, 112
Burgheim 18, 63, 73, 74
Burladingen 8, 23
Colmar 8, 24, 91, 103
Diersburg 103, 104
Dinglingen 47, 64, 73, 74, 97
Donaueschingen 113
Dörlinbach 95
Dundenheim 47, 48
Durbach 8, 42
Ebingen 52, 82, 91, 102
Ehingen/Donau 23
Emmenhausen 82
Entersbach 13
Eppingen-Sinzheim 24
Erstein 26, 104
Ettenheim 56
Fischerbach 13, 28
Freiburg 64, 92
Friesenheim 8, 19, 64, 104
Gerstheim 104
Goldscheuer 28
Grafenhausen 113
Günzburg 91
Haigerach 83
Haigerloch 23, 33
Hechingen 8, 23, 24, 82
Heiligenzell 75
Hofstetten 104
Hofweier 34
Hohnhurst 28
Ichenheim 105
Jungingen 23
Kappel 66, 67
Kaufbeuren 52
Kehl 9, 14, 28, 37, 83, 112
Kippenheim 17
Kippenheimweiler 92, 96
Kirchbierlingen 23
Kork 85
Kuhbach 33, 63, 71, 112
Kürzell 17
Lahr 8, 18, 19, 46, 56, 83, 92, 96, 108
Langenwinkel 64
Ludwigshafen 24
Mahlberg 15, 116
Mannheim 24
Meißenheim 47, 83, 107
Mietersheim 74
Münchweier 56
Nonnenweier 115
Nürtingen 70
Oberkirch 34
Oberschopfheim 8, 64, 104
Offenburg 28, 32, 37, 39, 40, 84, 104
Ostdorf 33
Ottenheim 8, 14, 83, 94, 105
Owingen 33
Rammersweier 8, 42
Rangendingen, 23
Reichenbach 33, 56, 83, 90, 91, 104
Rhinau 26
Rohrburg 28
Schlaft 23
Schuttertal 8, 104
Schutterzell 104
Schweighausen 56
Seelbach 91, 94, 98, 100
Straßburg 9, 17, 24, 26, 27, 36, 37, 46, 57, 85, 91, 95, 99, 103, 107, 115
Sulz 8, 55, 56, 57
Tailfingen 112
Unter- und Obermarchtal 23
Wittelbach 94
Wittenweier 99

Philipp Brucker

Das Ried

**Bilder einer Landschaft
zwischen Schwarzwald und Rhein**

64 Seiten, mit vielen farbigen Fotos
von Christine Lichthardt

Christine Lichthardt ist mit ihrer Kamera auf Spurensuche gewesen und hat Blicke und Augenblicke einer Riedlandschaft festgehalten. Einer Landschaft, wie es sie nur einmal gibt zwischen Schwarzwald und Vogesen.
»Die Bilder schenken Begegnungen. Wer sie in sich aufnimmt, wird reicher werden. Gewässer, Auenwälder, Wiesen und Felder prägen das Bild dieser Landschaft. Aber erst mit den Menschen werden Dörfer zur Heimat. Schaffig schauen sie uns an, deren Gesichter das Leben prägte.«
So beschreibt Philipp Brucker die Bildkompositionen und schlägt damit eine Brücke aus der Vergangenheit ins Heute.

editio selecta
im Verlag Ernst Kaufmann